天下文化

BELIEVE IN READING

| 心理勵志 BBP473 |

冰山對話

從開門到關門
從理解到支持的深度溝通

李崇義——著

SEE THROUGH ONE'S ICEBERG

A New Way to Open and Close the Door of
Effective Communication

獻給我的父親與母親

目錄

2 溝通第一步，連結自我

3 溝通第二步，修正應對姿態

6 從自我到團隊共好的溝通

7 連結渴望，跨越藩籬

附錄 夥伴的回饋

推薦序

美好的薩提爾時光

李崇建（薩提爾模式推手）

我收到《冰山對話》一書，便立刻仔細閱讀，因為崇義初次出書，我想看他如何呈現？如何將對話運用得寬廣？是否寫出更多元運用？

我一邊閱讀一邊讚嘆，他的創作超乎我的期待，將對話的精髓詳細闡述，尤其運用在職場上，他寫得相當精采且精準，將職場遇到的個人、團隊、溝通與管理狀況，詳解脈絡與實際運用。

這是一本好看又實用的書。

兩兄弟的成長之路

我的年紀長崇義五歲，從我的視角看出去，我們曾擁有的美好時光，是早年旱溪老家的日子。家裡留存的童年照片，崇義最是俊秀可愛，性情最天真爛漫，個性亦柔軟且溫暖，對照書稿的細膩妥貼，仍能看見他部分天性，也看見他巨大的成長。

早年我們家庭安穩和諧，雖然經濟條件欠佳，但是父親殷實教書，一力養活六口之家。母親亦關注家庭，在溪畔闢地種菜，織衣煮飯照顧家人。一家人常在河畔看星，聽父母說生命故事，一同在田野間散步，手足經常在一起玩耍，留下珍貴的記憶，那是生命汲養愛的時光，也是冰山渴望層次奠基。

崇義在書中引述往事，他跌落河裡的那一段，是三兄弟玩耍的經歷。

為了成長空間需求，父親下了一個決定，舉家搬離溪畔平房，那是家庭命運的轉折。母親接觸了新環境，重心不再是我們家，而是傾向外界的朋友。失去母親安頓的家庭，陷入長期騷亂動盪，手足關係也因此變化。當時崇義才剛滿五歲，他此後的成長歲月，不再與我歡樂玩耍，而是常面對我的壓迫，我期待手足認真聽話，常厲聲斥喝命令他們，有時甚至施加拳腳。

崇義升國一那年，有一日起床稍遲，可能學校壓力很大，上學顯得拖拖拉拉，看似不願意努力向學。我見此情景怒上心頭，伸出腳往他身上踹去，他額頭撞到了窗櫺，血流如注縫了好幾針，至今仍可見額頭上的疤。

我對待弟妹的方式，對他們身心影響極大。

崇義受到家庭變故，成長之途本已風霜，又受我長年壓迫，求學期間亦狀況不斷，這是破碎家庭常見情況。但是他求生存的能力強，出社會之後奮力向上，一路在外商公司高升。但是他因此也少返家，即使見面深入聊天，兄弟彼此的應對姿態，常出現超理智與打岔，即使我學習了薩提爾模式，他知道我有許多改變，但是過往影響應甚巨，我們的連結不如童年，那成了我未滿足的期待。

我們從孩提走向成人，應走屬於自己的路，但我仍懷著不少期待，常邀崇義認識薩提爾模式。我期待他能有所學習，能運用於內在的成長，生命能得到更多自在，也能運用於關係與職場，有助於更好應對世界。

但過往生命諸多罣礙，是我設下的重重困難，他對我的推薦與擅長，應有所顧慮不易參與。但人一如綠植願意伸展，只需陽光、水分與氧氣，他在我持續邀約下聆聽講座，未料他不參與則已，一認識之後全心投入，他參與了多場工作坊，創辦「長耳兔心靈維度」，推廣各類身心靈課程，他發展出自己獨到的見解，尤其在對話上的運用，已經遠超乎我的想像，也超越我的對話能力。

經常有學員向我回饋，去參與崇義的工作坊，比之於我的工作坊清晰，也比我的工作坊更多助益，如今看他的書亦然，不僅清晰易學習，甚至我也獲益良多。

整合自身的資源

崇義浸潤薩提爾模式，能從各角度看世界，體驗大多數人的處境，這與他的生命經驗有關，他曾經歷家庭動盪，生存需求曾受到壓迫，亦曾被父親愛與接納，這些都是生命中的資源。當他有了明確方向學習，投入與浸潤了大量時間，加之他職場上的歷練，對職員、業務、行銷與管理各職務熟悉，將理論與實務透澈整合。

這也是薩提爾模式精髓：整合自己的內在資源。

還有外人並不知道的部分，崇義是我們手足之中，文筆最好的。他學生時期即經常寫文章，將故事說得非常精采，邏輯又能清晰的表達，這部分在書中可見一斑。《冰山對話》一書，將職場生涯的狀況，以及生活裡常見的衝突，歸納整理並詳加彙整，從應對的姿態、互動要素、表達自己、留白的美，正向聚焦的示範，他細膩的基礎解說，將薩提爾模式變簡單了。

書中很多案例皆精采，適用於職場各種情景。

比如第四章的莉芳是公司幹部，需要裁撤數位員工，即使她已經裁員了，心裡仍是惴惴不安，可能影響了工作效能。對於前來求助的莉芳，崇義做出精準的回應，讓莉芳懂得表達自我，懂得看見自己的價值，為團隊帶來安穩的戰力。

書中第四章成渝的例子，面對客戶的固有慣性，想要提出創造性的提案，卻容易被斷然回絕。要注意哪些溝通策略，才能有效連結彼此，達成彼此雙贏的局面？書中以案例講解脈絡，精采且發人省思。

書中我欣賞案例甚多。

第五章的帛宏無心犯了錯，但他卻是重要戰力，情緒低落甚至掛冠求去，要如何留住犯了錯，內心自責卻有潛力的員工？

第七章面對重要客戶姍姍，提出不合理的要求，甚至進行情緒勒索，該怎麼穩當跟這樣的客戶溝通？

第七章工作坊的學員小雨，遇到辦公室戀情的困擾，身為導師到底應該要如何應對與關懷？

書中所舉的各種案例，無論是在團隊中合作，或者是業務往來應對，崇義將這些案例娓娓道來，檢視過往成功與失敗，重新兵推過去的事例，彷彿為讀者帶來刻意練習，我相信很多身在職場中人，一定會心有戚戚焉，看見雙贏的應對方式。

閱讀這本書很享受，崇義善於取譬引喻，為讀者帶來閱讀樂趣，我相信各階層的讀者，對於書中方法都能受用。當我閱讀這本書時，腦海裡浮現童年的時光：我們一同在巷子裡遊戲，一起在溪裡抓魚，一起在樹林裡探險，那是一段美麗的時光。如今我們一同談薩提爾，在工作坊進行助人工作，以文字創作呈現自己的見解，我彷彿重回美好的時光……

推薦序

第三度的對話模式

李儀婷（薩提爾教養暢銷作家）

崇義老師在這本書裡，開創了「第三度」的對話模式。

崇義是我的三哥，從我出生起，他就一直伴著我，直到我長大。

薩提爾女士認為，人們從出生到成為真正完熟的人，需經歷三次誕生。

第一度誕生是父母精子與卵子結合的那一刻，象徵著每個人都來自同樣的起源，擁有相同的生命力。

第二度誕生是脫離母親的子宮來到人世，為了能在世界生存下來，每個人都會學習屬於自己最好的生存法則，藉此養成應對現實世界的能力。

第三度誕生是當我們成為一個完整成熟的人，獲得為自己做決定的生命選擇權，丟棄不適合的生存法則，脫離父母的影響，真正成為一獨立自主的個體。

崇義在這本書裡，以綿密的對話，來回在「情境、自我、他人」這三塊重要的拼圖中穿梭，為讀者展現了對話的可能性，完整的架構出對話脈絡「從感受開門，在渴望中長駐」，這樣的對話脈絡，讓與談人重新連結過去的生命，並且擁有重新做選擇的能力，因此我稱之為「第三度的對話」。

一個人，從出生到成年，有多少機會能擁有「第三度誕生」？

我想起二〇〇八年吉兒．泰勒博士（Jill Bolte Taylor）在TED的演講，主題是「你腦內的兩個世界」（My Stroke of Insight）。

吉兒．泰勒博士是一位研究腦神經科學的專家，她經歷過一次嚴重的中風，喪失了左腦功能，失去了行走、說話、閱讀、寫字，甚至回憶生平的能力。

她就像個嬰兒，回到最純淨的時刻，神聖而且靈性，她感覺自己在那一刻，到達涅槃狀態。然而，卻也因此對世界的脈動無法理解與感知，因為她喪失了所有左腦的認知能力，她不知道自己是誰。

二〇〇八年，也是美國雷曼兄弟公司（Lehman Brothers Holdings Inc.）破產，引發全球金融海嘯危機的一年。

那是人心動盪的一年。

許多人在那一年失去工作，甚至跳樓輕生，而崇義當時正在對岸工作，在人才濟濟競爭激烈的環境裡，與處處充滿優越感的同事相處，快速累積著獨屬於他個人風格的領導力，在人事繁雜的團隊裡，既要帶領人心，又要衝出主管給予的業績壓力，在在考驗著崇義的抗壓指數以及腦內運轉的平衡。

崇義的人生，一直是被父親看好的，從小學業成績優秀，出社會工作順遂，他出眾的能力，讓他很快的在公司內部爬上高位，不多久又從臺灣被挖角到中國大陸工作，成為公司主幹核心主管，因為能力出眾，被調派溫哥華開拓業務，一度定居美國。

一個順境的人，距離「第三度誕生」是比較遙遠的，因為順境的人，目光在前方，未來有太多可以去追求，因此比較難發現自己所處的內在位置。

逆境，才是學習過程中最好的推手。

一如吉兒．泰勒博士，從理性到感性，最後抵達涅槃境界，轉瞬即到。

然而，我知道，崇義的逆境並不是很晚才發生，相反的，他的逆境，從童年時刻就開始了。

童年，母親的離家，讓四個孩子的內在都瞬間失去了依靠，大哥崇建無意識的扛下了母親教育弟妹的責任，然而他自己也是個沒有被愛滿足的孩子，心中充滿了對世界的憤怒，因此只能以最原始的獸性本能、以高壓的手段教導弟弟妹妹。

高壓的教育，讓我和崇義在整個童年時光裡，都非常懼怕崇建。

我們不知道自己究竟是如何挺過童年時光的。

然而，也就是因為這些逆境，崇義的童年，藏著如法國作家巴爾札克（Honoré de Balzac）所說的「厄運是深不可測的寶藏」。

從崇義輝煌的工作經歷中，就能看見寶藏的端倪，在面對問題時，懂得傾聽，用心理解對方的難題，把對方放在重要的位置，傾力協助，卻不因為想要幫助對方解決難題而做出傾斜討好的舉措，懂得如實表達自己的難題，並且設定好界線，這在溝通上，是非常難一致性的表達，而崇義卻一次次在工作領域上抵達那樣的境界，一如書中「客戶姍姍」的案例。

在第七章姍姍的案例中，崇義為了幫客戶姍姍建造屬於自己的數據庫（傾聽），借調了配合其他客戶的工程師來協助姍姍（協助），並答應半年後將工程師歸還原單位，沒想到半年時間一到，姍姍卻反悔了，不願意歸還工程師，並要脅崇義，如果硬將工程師抽回，那麼姍姍將撤回所有合作，而崇義將無法對公司交代工作上的失職。

在這看似困難重重的課題中，崇義運用薩提爾模式最困難的「一致性」表達做為溝通基礎，以過去在逆境中更深層的感受力做為理解客戶困境的根基，體會客戶遭遇的難題，並清楚向姍姍表達自己遇到的阻力與界線，在來往之間找到最大的空間，以綿密的對話做為彼此的連結方式，在保證能幫助姍姍完成籌組的工作為前景下，成功的讓姍姍歸還工程師，完成當初給老闆的承諾，讓三方都成為獲利者，更讓姍姍滿意的完成籌組的挑戰。

這是高難度的溝通，卻在崇義清晰的拆解下，讓所有讀者都能夠輕易學習到溝通的精神。

崇義從過去輝煌的工作位階急流勇退，投入了薩提爾模式的學習，開創了第三度的生命，在他品嘗過忙碌與輝煌之後，以自己獨特的生命歷練與目光，重新詮釋薩提爾模式的精神，架構了「在、表、關」的對話脈絡，從「感受」開門，在「渴望」的愛中關門，他讓對話有了全新的生命（第三度）。

透過崇義的引導，我更明白第三度誕生，不需要仰賴逆境觸發，只需要透過「真正的對話」。

崇義賦予了對話清楚的方向，以他獨有的溫柔引領著讀者。

薩提爾女士說：「每一個人都是獨一無二的存在。」崇義的對話方式，在兄長崇建的對話基礎上，走出了不同以往的框架，更有別於我在家庭教養中實行的對話模式，這是崇義透過生命的歷程自己領略出來的——第三度對話模式。

自序

從想要到不想要，發生了什麼事？

我回臺灣創業這些年來，遇到不少機構來邀約演講與工作坊，主題多圍繞在如何運用對話來改變家庭氛圍、親子關係及職場溝通，參與者多數是為了解決遇到的困難。

記得有一家知名的科技業龍頭公司邀請我去演講，主題是「職場的溝通之鑰」。主辦的幾位工作人員為求慎重，請我在講座之前先與他們聊聊演講的重點，好讓他們預做準備，也可以給老闆一個交代。

由於是短短三小時的演講，我將重點放在「多覺察自我狀態，以連結他人內在為目標，先不要解決問題」，因為我們若是像過去一樣，執著於「解決問題」，通常不但解決不了，反而造成職場同事間彼此對立，如此一來更解決不了問題。

工作人員很認可這樣的主題，也相信演講內容可以給同仁帶來不一樣的啟發。

只不過，工作人員很快的又問我：「老師，那在覺察之後呢？能不能講一些解決問題的溝通步驟，讓大家有所依循？」

聽到這個問題，我頓時覺得很有趣。我以為之前我們已經討論出一個結論，跳脫「解決問題」的思考邏輯，重新塑造新的對話方向，但怎麼會還是想要圍繞著「解決問題」來打轉呢？

我猜想，是不是有很多人與這群夥伴有著一樣的思維，雖然頭腦已經同意「不要解決問題」，但思考過程仍然無法繞過這個慣性，仍不免俗的還是要回到「解決問題」的方向上。

試想，如果連對方的內在我們都靠近不了，形同兩列平行火車，永遠不會有交集的一天，怎麼還有辦法期待透過語言的交集，讓對方能解決問題呢？

我想著該怎麼解釋如何轉換腦袋裡的慣性思維，讓我們真正變換目標，不會下意識的在語言上不斷踩雷。

我腦袋中突然迸出一個例子，恰好可以解釋這個狀態。

在我還沒上小學以前，老家後方有一條小溪，哥哥們經常帶我去溪裡玩耍。有次我不小心掉入溪中坑洞，幸好哥哥機警，緊急把我「打撈上岸」，我才免於滅頂的厄運。只不過在那之後，我對於戲水活動總是多抱持一份謹慎。

雖然是這麼說，但每到夏天看到很多人泡進游泳池裡，我這個旱鴨子也不由得羨慕。上了小學後，我常拜託哥哥們帶我去游泳，教我怎麼游，但那個教導的過程讓我感受不好，也因此後來我對學游泳也興致缺缺。

在我印象中，學游泳時總是被罵。

「怎麼這麼笨，腳要踢水啊！」

「你要放鬆啊，不要緊張。」

「已經教過幾次了，怎麼都不會，到現在還不會游？你自己要大膽練習呀！」

聽到這些話語，我漸漸沒有了學游泳的興趣。

大家可以思考一下，在我「想」與「不想」學游泳之間，發生了什麼事，怎麼會有這樣的轉變？這是否也是我們很多人共同的經驗？

「腳要踢水」、「不要緊張」、「大膽練習」都是教「方法」，目的是為了解決「不會游泳」這個問題，但傳統教方法的指導，很少達到解決問題的目的，主要原因是我們只關注成敗或結果，忽略真正要達到這個結果的當事人的「感受」。

仔細想想，你說我不想學游泳嗎？倒也不是，而是我不想在學游泳時還被人斥罵、威脅，在嘗試的過程裡被粗暴、羞辱式的對待。

在這樣的對待方式下，原本從別人觀點而來的責備語言，無形中也會轉化成我們對自己的觀點，然後告訴自己：「算了吧！別學了。」

所以，達到目標重要嗎？當然重要，但如果我們把解決問題、達到目標當成是腦袋裡的思考過程，我們就會不斷陷入以前的習慣裡，忘記關心其中的當事人。

放掉「解決問題」的思維，改以「靠近人的內在」為目標，我們會發現，當事人在得到理解與接納之後，會自己找到解決問題的方法，甚至不需要旁人的引導。

後來我三十幾歲時與朋友出遊，他們只告訴我：「一起玩水吧，不會游泳無妨。」我才拾起了學習的興趣，慢慢熟悉了水性，也學會了游泳。

因為過往的學習經驗都告訴我們要目標導向，不要理會情緒帶來的干擾，但事與願違的是，我們從來逃離不了內在感受帶來的影響。既然如此，我們何不重新釐清內在感受，打造一條新的對話路徑呢？

我在本書第一章談到父親生前與我通電話時大罵我小氣的故事，當時的我感覺被誤解，受了很多委屈，也因此好幾天沒打電話回家。如果當年我能學到如何探索一個人的內在，明白父親也是為了對後媽有所交代才不得不斥責我，我就能坦然對父親的舉動釋懷，並且會更關注他的心理狀態，也不至於跟他生氣好幾天。畢竟，我並非不想與他溝通，只是在行動之前心裡有了窒礙。

所以，在想與不想之間發生了什麼事呢？

有的時候不是我不想，而是心裡有道難以跨越的鴻溝。

我期待在這本書裡，能透過幾個切身的例子，讓大家一窺新的對話風貌。

前言

我可以做得不好嗎？

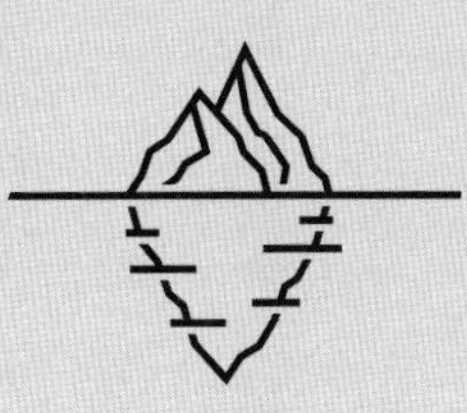

我後來才知道，所有的溝通囿於心智狀態，跟我們講話的技巧沒太大的關係。以前我總以為溝通不順暢和外在技巧有關，但現在漸漸明白，心理的關卡才是外在技巧的障礙。如同我在工作上做決定時猶豫不決，不是因為事情本身有多困難，而是心裡的裂縫灑不進一道指引我明路的陽光。

我回臺灣創業之前，在海外工作近十年，人生走進四字頭時，經常警惕自己，工作要好好做，否則接下來中年轉業通常會變得非常困難。

即便我對工作處處小心、兢兢業業，但在職場待久了，通常「雞肋」感就會愈來愈強。我做為公司高階主管，職業生涯大概也到了瓶頸，有時感覺工作咀嚼無味，但眼前的收入和生活所需卻讓我不得不繼續咬著這根連骨髓都沒有的「雞骨頭」。

當時我經常陷入左右為難的境況，往右走是繼續咬牙在工作上苦撐，面對業績壓力以及逐漸被公司核心高層邊緣化的困境；往左走則是離職換工作或轉換跑道，要不就是回到北京或臺灣繼續找尋合適的新東家，要不就是自己創業。

留下——看著愈來愈無味的工作以及可以預見的職場前景，我完全失去動力。離開——能做什麼我絲毫沒有頭緒，即便能找到新的方向，又能持續多久呢？

四十五歲已步入中年的我，可以說每天都在掙扎。

那時候，遠在彼端的大哥崇建，在臺灣已經將「薩提爾模式」（Satir Model）帶領出一股新風潮，彷彿是心理學界的一門顯學。他鼓勵我可以回臺灣發展看看，一方面學習薩提爾模式，另一方面也可以找到職場的新方向。

我半信半疑。

除此之外，源自於過去和大哥「交手」的經驗，我心裡實在不願意回臺灣與他共事，即便我知道近十幾年來他的改變巨大，和家人的相處與以往有了很大的改善，但我心裡始終保持著抗拒的姿態。就算工作沒著落，我也不願意與大哥一起共事。

就在二〇一五年的聖誕節前，家人的 LINE 群組傳來了二哥的消息：「媽打電話來說爸被送進急診室了，我趕過去看一下。」那時我正與太太坐在客廳看電視，看到這訊息絲毫不以為意。因為當時高齡九十歲的父親進進出出醫院是家常便飯，我以為這也就是一次小意外，應該不至於有什麼太大的危險，所以當下也只是靜觀其變。

沒想到半小時後，趕達醫院的二哥發來訊息：「爸剛剛呼吸終止，已經走了。」看到這則訊息，我的耳朵突然感到一陣轟隆轟隆巨響，心想，這一刻終於到來。為什麼說「終於」？如果你像我一樣是離鄉背井工作，和親近的家人相隔遙遠，難得回家見上一面，你或許也同我一樣會在腦海中把這樣的場景跑上好幾回。我有很多次都這樣想著，會不會哪天父親臨終的時候，我沒辦法陪在他身旁？

知道父親過世的消息之後，我請太太趕緊幫忙訂機票，從加州聖荷西機場一路奔回臺灣。當時臨近聖誕節假期，許多人要提早出發度假，可說一票難求。為了趕時效，我訂了一張商務艙機票，經過日本東京轉機，輾轉回到臺灣。

在臺灣籌備父親喪禮的那幾天，我們兄妹四人經常天南地北聊起孩提時代的點點滴滴、父親給我們帶來的深厚影響。大哥崇建提起往事，總有說不完的生動故事。他對我說：「阿三，過兩天我要在某某國中演講，你要是沒事，可以來聽我講故事。」

「好啊，看看你演講是有多厲害。」我戲謔式的回覆。以前總聽崇建說他的演講多受歡迎，但百聞不如一見，我還是親自去聽聽看，見證一下。

幾天後，臺中某所中學教室擠進了上百人，這場演講，崇建從個人的內在情緒講到外在的應對，搭配他的親身案例，現場歡笑與淚水不斷，而我也認證了大哥所言不虛，他的演講受到教育界以及廣大讀者的推崇，不是沒有道理的。

演講結束後，很多家長魚貫排隊等著與崇建談話，崇建也來者不拒。

一位媽媽談到自家孩子對上學恐懼，已經有很長一段時間不願意到學校，她用盡了千方百計，不論是好言相勸，或是威脅利誘，孩子始終不願意再回到學校去。

我本來預期崇建會鼓勵媽媽，要和孩子好好溝通，或是請學校老師協助，讓孩子能夠回歸「正軌」，不要對學校感覺恐懼，這樣孩子應該慢慢就會回去了。

沒想到崇建給媽媽的回饋與我的思考大相逕庭。

「孩子什麼時候開始不想去學校的？」崇建問。

「大概兩週前吧！」媽媽答。

「知道孩子發生什麼事嗎？」

「大概知道。他沒寫功課，被老師處罰，乾脆不想去學校了。」

「當他說不想去學校，你有什麼感覺？」崇建追問。

「就覺得不能這樣啊！不去學校怎麼可以。」媽媽很快回應。

「那不是感覺，那是你的思考。我問的是你身體或內在有什麼感覺，或是說，你的情緒狀態如何？」崇建解釋了一下繼續問。

媽媽在崇建話語的引導下，稍稍停頓了一會兒後說：「感覺很無力吧！」

「還有別的感覺嗎？除了無力以外？」

「嗯，也感覺到難過和自責。」

崇建深吸了一口氣，接著問：「你可以多說一點那個自責嗎？你的自責是怎麼來的？」

這位媽媽說，為了帶孩子和照顧家庭，她犧牲了很多個人時間，但即便為了這個家付出很多，她總覺得陪孩子的時間還是不夠，應該可以再多關心孩子。今天孩子不願意到學校去，她把這個責任歸咎到自己身上，擔心自己做得不夠好，做得不夠多。

崇建回應，自責像是插在胸口的一把刀，帶來的僅是傷害，一點好處也沒有。我們要的是自我負責，而非自我苛責。他接著問：「你說自己為家庭犧牲了很多個人時間，可以說說你為這個孩子、這個家做了哪些事嗎？」

這位媽媽開始細說她的日常，以及為孩子付出的深刻畫面。

崇建這時介入了媽媽的話語，喊著她的名字：「淑雅啊，我聽起來，你真的為家庭付出很多，你怎麼看待一位全心為家庭付出的媽媽呢？」

「還是不夠啊！」媽媽眼眶泛淚，滿臉懊悔模樣。

「淑雅，假如有一個很認真、很努力念書的孩子一直考不好，你還會愛他嗎？你重視結果，還是看重孩子努力的過程？」崇建問。

「過程吧！如果孩子這麼努力了，我當然會重視這個過程，當然愛他，不論結果如何。」媽媽流著眼淚回答。

「那麼，回到剛剛的問題。一個這麼努力的媽媽，她可以做得不好嗎？如果做得不好，你還會愛她嗎？」崇建提出了靈魂的「拷問」。

這段話撞擊了這位媽媽的內在，同時也大力敲擊了我的胸口，像一把大槌子朝著我胸部不斷衝撞，頓時打開了我原本糾纏在一起的五臟六腑；也像是海浪一波一波襲來，在我的內在拍打出數公尺高的浪花。

那位媽媽站在崇建面前不斷掉淚，彷彿在湍急的河流中找到一根浮木，空蕩蕩的身軀有了著力點，不再載浮載沉無所適從。

雖然我還是陷入迷霧之中，好奇如何從自責這一端走到讓孩子回到學校那一頭，不太明白這段問話的用意，但我也像是在迷霧裡找到一座燈塔，因為這句話穿越迷霧森林，有了一個全新的指引方向。

「我可以做得不好嗎？」

「我可以做得不好嗎？」

「我可以做得不好嗎？」

伴隨著不斷盤旋在腦海裡的這句話，我搭機回到美國。

如果我的人生都已經盡力，如果失敗、做得不夠好，我也會一直指責自己嗎？好像會，我會一直指責自己、批判自己。怎麼會這樣呢？我不是應該是最支持自己的人嗎？在我達不到預期目標時，內在怎麼會有一個機制往自己胸口插一刀？

這句話在吃飯時出現，在洗澡時出現，甚至在晚上睡覺時不斷浮現腦海。「我要學習接納自己也會做得不好。一個盡力的人，我要能接納他和愛他。」我得出這個結論。

既然如此，不就盡力去做就好了嗎？若我想回臺創業，就努力去試試吧！就算做得不好，我仍然是一個充滿價值的人，不是嗎？

沒過多久，我下定決心回臺灣創辦「長耳兔心靈維度」，當做是人生的另一條道路。斜槓幅度很大，但我願意嘗試。

在經過幾年密集的學習後，我發現過去二十年來在職場，很多時候會糾結於溝通問題上，其實更簡單來說，是卡在自己內在狀態上。

倘若我們能夠清楚，一個人的內在會連動影響他的外在行為與姿態，就可以省去很多造成溝通衝突的非必要應對。更精確的來說，我若能先回應自己的內在，看見這裡面發生什麼事，當我可以先連結自己，再連結他人，溝通就會變得順暢許多。

藉由自己多年的職場經驗，加上工作坊學員的提問，我想整合出一套可以依循的對話路徑，幫助大家改變自身的溝通慣性，走向和諧的彼此關係。

這是一條由內向外的道路，先釐清了自己，才能在面對別人時，也能貼近他人的內在，給予支持的力量。先將自我的內在調整成一致、溫和、協調的心理狀態，才有辦法運用溝通技巧，把他人的困境轉化成為支持的資源，優化對話的面貌。

很多人在被問及「你是否可以允許自己做得不好」時，通常會很快的反應「可以呀！」但若進一步探索「如果你可以允許自己做得不好，那麼為何你仍會躊躇、不敢做想做的事呢？為何你常常在挫敗時，讓過去負面的經驗主宰自己的行為，變成『再試一次』的絆腳石呢？」

由此可知，很多時候接納自己做得不好只是「頭腦」的一個認知，你也可以先舉手貼著胸口問問：「我也可以接納自己做得不好嗎？」

接下來，我會逐步帶你看見什麼是內在關卡，以及它們如何阻礙我們的外在行為；並且透過對話，幫助別人也連結自己的內在。

1

看見一個人的內在

善用提問，挖掘眞實歷程

在海外工作的那幾年，我回家的次數有限。記得還在北京時，我通常會回臺灣過年，或是趁著十一長假回臺灣度假。後來我搬到北美，回臺灣的機會也是維持每年兩次左右，有時趁著到北京開會也會順道返鄉看看父親。

雖然不常回家，我總是維持著一、兩天就給父親打電話的習慣，早年他身體還硬朗時，總希望我好好在外面打拚，不用擔心他。但他過世前幾年卻告訴我：「錢不用賺那麼多，能回臺灣多好，早點回來吧！」一個在外工作的遊子，聽到這樣的話語真是百感交集，但我理解父親年事已高，希望子女都能在身旁時刻相伴。

每次回臺灣，家人總會相約聚餐，以前在海外工作收入高，我很樂意在回臺灣時請家人吃飯，包括父親、母親（後媽）加上哥哥、妹妹和他們各自的家庭，閒暇之餘，也會帶著父母親逛逛超市。

父親尤其喜歡我帶他和後媽去逛好市多量販店，畢竟平常他們較少機會去，也不會為了每年一、兩次的購物申辦會員卡。

有一年，我正好有機會休假回臺灣，和太太一起到臺中與家人聚會。父親所住的臺中太平老家屋齡有四十年，聯排房屋圍成一條小小的巷子，每次回到這裡總有一種不復當年的感嘆。小時候總覺得巷子寬大，孩子們在巷子裡玩跳房子、捉迷藏、跳高等遊戲，後來巷子兩邊停滿鄰居的汽車，巷弄狹小無法會車，鄰居也多數不認識，變得相當陌生。

小時候家門前種著兩棵楓樹，不知道從何時開始，父親覺得它們難以照顧，便都砍了，後來門前就時常停著隔壁鄰居的車子。家裡紅色大門的油漆已好幾年沒重新粉刷，放眼望去處處皆是斑駁痕跡，每年父親必貼的春聯到了秋天時節也早就破損。

我到了老家門口，敲著大門，高聲喊著：「我們回來啦！」後媽跟著父親出來迎接，她一見到我和太太回家，喜滋滋的開口便說：「哎喲，阿三回來啦！太好了，這次要好好宰你一頓了。」

聽到這話，我身體抖了一下。

我知道每次回老家總免不了花錢請客，但事後回想起來，雖然知道要花錢，但後媽這樣說聽起來還是滿不舒服的。

當天父親希望我能帶他們先去好市多採買，所以我們一行四人駕車前往。

逛賣場時，我正好趁機和父親閒聊，他當時接近九十高齡，能出來走走路，陪他談談天，我認為是相當幸福的事。還記得我很小的時候，父親就喜歡飯後散步，我也經常陪他走到離家約一公里外的河堤，父子倆總是閒扯一堆，當然畫面中也免不了父親諄諄教誨的時刻。這個散步的印象到現在我都還記得很清晰，回想起來這也是我和父親擁有深刻連結的場景。

後媽推著購物車在賣場裡東看看、西看看，有需要添購的日常用品她就堆放在購物車內，而我和父親只是跟在後面天南地北的聊著。

後媽來到冷凍肉品區時停了下來，打量著架上的牛小排，接著便放到購物車裡，我依稀記得她當時回頭看了我一眼。

一行人來到結帳櫃檯前，後媽說：「這個牛小排要三、四千元呀，咱們還是不要了吧！」她請結帳人員拿走牛小排，只結算其他物品就好。去除掉牛肉，一車物品我付了大約七千多元。

去賣場購物後，晚上便是家人聚會，兩個哥哥和妹妹等三家人也都到齊，大家天南地北聊天好不愉快。大家也很有默契的讓我這個遠從美國回來的三弟買單，畢竟我當時收入高，也難得回臺可以花錢孝敬父母，從請客這件事上，或許我得到了一些認同與自我價值。

隔了幾天我便飛回美國，到家第一件事，我總是習慣打電話給父親報平安，也聽聽他的聲音，確保一切安好。

父親接起電話知道是我，劈頭便是指責。

「阿三啊，你太不像話了吧！」父親聲音高亢，明顯帶著怒意。

「爸，怎麼了嗎？」我滿臉問號。

「噢，你難得回來一次，叫你花點錢就不願意啦！那個牛肉才三、四千元，買個牛肉會要你的命嗎？」

「什麼牛肉？你說前兩天在好市多看到的牛肉嗎？」我還在確認父親說的和我想

的是不是同一回事。

「對啊，就是賣場那個牛肉，才不到四千塊，你還不讓你媽買啊！你這兒子怎麼做的？難得你從美國回來一趟，讓你買個牛肉都不願意，就這麼小氣啊？」父親的語氣愈來愈激動。

在我還沒來得及反應時，父親落下一句話：「你這兒子太不像話了！」說完便掛電話。

我呆坐原地，腦子裡不斷想著父親說的：「你這兒子怎麼做的？太不像話了！」到底發生了什麼事？我當天從頭到尾都沒有阻攔後媽買牛肉啊！這是什麼樣的誤會？我突然一股氣憤竄上心頭，心裡覺得相當不值。每次回家都是我掏錢買單，陪爸爸和後媽上賣場採購也從來不過問價錢，怎麼可能為了區區三、四千元的牛肉就阻止後媽買。更何況，從頭到尾我都在和父親聊天，怎麼會遭受這樣的指控呢？

我呆在客廳半晌說不出話來。

那時並不知道，後來我會經常利用這個例子來說明薩提爾模式的冰山框架，以此做為理解一個人內在的方式。

冰山，是維琴尼亞・薩提爾（Virginia Satir）對於人的內在狀態的一種隱喻。

薩提爾女士在美國被譽為二十世紀最偉大的家族治療心理師之一，她開創先河的以家族治療做為研究方向，在家族重建治療架構的傑出成就，也讓她享有「家族治療之母」的美名。

以她為名的「薩提爾模式」被後世廣為研究與推廣，並且在實務上獲得很好的成效。薩提爾女士的核心理念以全人發展為目標，她認為一個人在未成年之前受到家庭影響極大，從最原始的家庭三角，父親、母親、孩子，這三者之間的關係開始發展，對於孩子的人格養成不能單單僅看孩子本身的性格特質，而是應該追本溯源到成年以前家族的影響。

薩提爾相信每個人本身就是一個奇蹟，不僅不斷的在演變、成長，而且永遠有接受嶄新事物的能力。她認為「問題的本身不是問題，如何面對問題才是問題」。「如何面對問題」一詞源自於英文的 coping，其實也就是「應對」。當我們遇到問題時，如何面對它、應對它才是重要的核心。

如果我們了解一個人是如何養成的，貼近他人時就更能理解一個人的生命歷程，也更可以明白自己的來時路，這絕對是溝通的必要基礎。

薩提爾女士提出「冰山理論」（Iceberg Theory）用來隱喻一個人的內在經驗與外在歷程。我們從直觀上僅能看見一個人外在水平面之上的部分，就像極地裡的冰山一樣，外在顯露的僅是個人的一小部分，在水平面之下看不見的部分才是人的內在。

冰山架構在與人對話時極為好用，不但幫助我們了解完整一個人的豐富內在，也讓我們在對話時有很好的脈絡可以參照。

從左頁的冰山圖來了解當時的我發生了什麼事，你就會明白，我所陳述的一起事件或一個故事，其實是冰山水平面上的一角，這是直覺、可視的，但我的內在有哪些層面在運作，從水平面之上是看不出來的，需要透過對話、核對（Validate）才能了解一個人的內在。

後文分別說明冰山每個層次的意義。

事件
故事
行為
水平線
應對姿態
感受
身體的感官感受（頭脹、胸悶、手痠、腹部悶痛、背部緊繃、雙腳顫抖……）、內在情緒（生氣、緊張、擔心、焦慮、害怕、悲傷……）
感受的感受
對於內在的感受興起了另一層感覺，
通常與過去經驗或觀點有關
觀點
規條、看法、既成想法、過往經驗、成見框架
期待
我對自己的、我對別人的、別人對我的
渴望
愛、關注、價值感、被認同、自由、
接納、歸屬感、獨立、安全感等
所有人共有的嚮往
自我
一個人的生命力、
精神、核心、
根本存有、
大我

事件

前文的故事，發生在我先前從美國回來臺灣與父母親碰面時，這就是冰山最上面的故事，從故事裡可以看出父親說了什麼話，後媽做了哪些事，而我的反應為何。

當你看到這個故事，你只能看見人的冰山一角，揣測我心裡有著各種情緒，或有些自己的想法，但你無法精確了解我「這個人」內在發生了什麼事。

想要了解我的內在，只能從故事裡的蛛絲馬跡來探索，而不能任憑自己的猜測來理解一個人，否則我無法被同理。

接下來，我們會著重在水平面下的區塊，看見一個人真正的歷程。

感受

感受區分為「身體感官的感受」與「內在情緒的感受」兩個部分。

舉例來說，當我回到老家，聽到後媽開門時說了一句：「這次要好好宰你一頓了。」我的身體抖動了一下。抖動的原因是聽到這句話後身體緊繃，這是感官上的感受。而我的心裡彷彿被針刺了一下，感到尷尬，這個尷尬則是心裡內在的感受。

當我聽到父親說：「你這兒子太不像話了！」我的頭腦感到一陣暈眩，這是感官的感受。我心裡此時感覺的生氣、慌張、不安、委屈則是心裡內在的感受。

感受是理解一個人的開關，我喜歡從這個層次進入到對話，後續我會對內在感受做更多的探討。

感受的感受

這個層次的感受通常與我們的觀點有關。

聽到父親說：「你這兒子太不像話了！」我升起了一股內在的感受，包括生氣、慌張、不安、委屈。

對於生氣這個感受我自己有了一些評價：我怎麼可以對父親生氣呢！因此對於自己的生氣，我感覺到懊悔。

原本的生氣是我內在的感受，而這個懊悔，則是我感受的感受了。

由此可知，一個人的內在其實夾雜了非常多的情緒，這些情緒有時是身體本能，很多時候則是我們受的教育和社會經驗所帶來的。

觀點

人的觀點是承襲了長久以來的學習、經驗、規範所形成的一種看法，這些看法很多時候就是我們認知世界的基礎。

從前文的故事來看，我認為父親錯怪了我，他的理解是錯的，我並非小氣之人，這是我對父親與自己的一種看法。同時，我認為我這個兒子難得回家一趟卻惹得父親不悅是不對的行為，這也是我對整件事的一個觀點。

觀點的來由有時很有趣，人們也很容易在這上面有著固著的看法，將自己捆綁在某個世界裡跳脫不出來。也因此，觀點很可能成為我們的規範、規條或框架。

期待

人的期待通常分三個面向：一、自己對別人的期待；二、別人對自己的期待；三、自己對自己的期待。

我希望父親能理解我這個做兒子的每次回家總希望全家和樂，對於金錢方面我不是吝嗇之人。父親則是希望我能善盡兒子的責任，讓父母親都高高興興的，透過我的一點貢獻，讓父母親感到欣慰。

當然，我也希望自己能做到在經濟上可以自由無虞，對待家人時不用太過顧慮金錢，對父母親可以大方給予，真心希望他們快樂。

這些都是在期待的層次會發生的欲求。很多時候我們與人之間的溝通會因為「期待」無法被滿足時產生挫折，進而在應對上做出不妥當的行為、說出不適合的話語。

渴望

我們常常以為滿足了期待就會心悅誠服，很多事情會迎刃而解。但實際上不然，有時候即便我們得到想要的，但心裡仍然覺得空蕩蕩，感覺不踏實。物質上的滿足通常不會帶來心靈上的充實。

我和父親之間倘若沒感受到「愛」的流動，任憑花了多少錢、請客多少次，可能都會在彼此心裡留下遺憾。

在渴望裡，我們想要的是愛、被愛、被認可、被接納、自由、安全、有價值、被關注、有安全感、獨立等。這些想望是每個人都會追尋的目標，不會因為期待不同而有不同的渴望。

也因為這是眾人內在追求的共同目標，渴望因此變成我們需要與自己和他人連結的層次，一旦在這裡著力，就會觸及生命的價值與意義。

自我

如果說渴望是每個人追尋的目標，那麼自我這個層次就是支持一個人繼續生存、向前邁進的核心動力。

人的存在如果比擬成體內一把火在竄燒，當這把火變得微弱時，人的狀態會變得不穩定而且萎靡，一旦我們能連結渴望，就等於柴火不斷往這個火種裡添加新的動能，這把火自然會燒得又旺又結實。

因此，自我的區塊基本上就是人的核心、生命力，也可以引申成靈性、精神、本質。當一個人的內在之火暢旺，不但活得精采、充實，更能為人類社群貢獻心力，所以這把火就會「超我」，變成一個「大我」。

簡單來說，如果我能連結到自己渴望，感受到一份認同、關注與愛，我就會跨越了原本的期待和觀點，讓我的內在感受呈現揚升狀態，回到應對姿態上，就可以變得更一致、和諧，當然與家人的關係就會更融洽。

了解了薩提爾冰山架構，我們就可以妥善運用這個框架來探索一個人的內在，透過提問的方式靠近一個人。

薩提爾女士的冰山隱喻是一個會隨時間浮動的框架，並非持續不變的狀態。所以通常在做冰山探索的問話時，我們需要關注事件發生當下的冰山，以及現在的冰山。

我在引導上課時，會邀請工作坊學員根據我剛剛陳述的事件來練習探索我的冰山。假設我是需要幫助的夥伴，如何才能透過提問的方式靠近我。我們最後的目標是能觸及他人的渴望，並讓對方在這個過程體驗自身擁有的力量。

除了以提問靠近他人，談話時的姿態和語態特別重要，因為這也充分顯示提問者的內在是否安穩。談話時，盡量保持身體放鬆，雙手不要在胸前交抱或扠腰，眼神接觸對方，盡量保持等高的高度，莫要一方站著、另一方坐著談話。

對話時，可以適度呼喚對方的名字，並且善用停頓留白的技巧，這樣能增加帶入感與體驗感。

你可以先想想，假設我是你的朋友，在向你吐露前文的故事後，你會如何利用提問來靠近受打擊的朋友，幫助他在歷程裡看見自己的資源。

2

溝通第一步，連結自我

回到當下，脫離我執

內在感受的「三十一種味道」

前陣子幾位鄰居相約一起去臺北市中山區一家遠近馳名，融合中式、法式的高檔餐廳，據說訂位要等好幾個月，若不是我們人數眾多訂了一個大桌子（通常比較少人訂），不然就必須耐著性子等空位。這家由米其林大廚掌勺的餐廳雖然當時尚未列名臺灣米其林餐廳，但從訂位盛況不難看出受歡迎的景況。

我們剛進餐廳大門，就發現用餐的來賓都穿著時尚，以年輕人居多。不像我們這群鄰居多在不惑與知命之年，穿著也隨興。

餐廳進門映入眼簾的是流線型的吧檯，聽說用了三十公噸的南方松，以臺灣工匠手法一刀一刀雕刻而成，整個顏色、形狀、材質、或氣味都採取貼近自然的方式營造，和餐廳食材強調「本地」生產互相映襯。

我們一行人被領到座位上，服務生親切遞上氣泡水並簡單講解設施，開啟了我們品嘗融合式料理的序曲。

每道菜上桌時，服務生都會說明這道菜的重點為何，食材搭配的巧思是從哪裡發想，以至於入口的前、中、後段餘韻要如何去體驗。

我印象深刻的是第四道菜，甫上桌時來了兩個一大一小的盤子，大盤子上承載著春天當季時蔬調理的沙拉，菜葉錯落繽紛，擺盤清爽，顯露出自是一番章法的樣態。菜葉質地、色相、香氣多元混搭自成一格。葉菜點綴海藻，清脆中還夾帶著滑嫩，猛的咬下一口還可以聽到菜葉紋理卡滋卡滋清脆之聲。

服務生特別強調這道菜總共用了二十七種蔬菜，搭配嫩薑醬、生蠔醬及特調醬汁。細細品嘗的話，可以吃出三十一種繁複的味道。

「三十一種味道？」我心想。

我記得在加州時經常吃羽衣甘藍，不過當時總覺得過硬，很難咀嚼，但在臺灣吃這道菜時，突然覺得脆感增加了，搭配醬汁甚好入喉。盤中還有多種蔬菜，水菜清爽薄脆，西洋菜略微苦澀，紅鳳菜甘甜中質地帶硬，仙人掌雖酸但滋潤，海葡萄嚐起來有如在海水中品嘗紅葡萄的香味，咀嚼海藻時，則口感明顯滑嫩並夾雜醬汁的沁甜，外加香椿相當豐富的層次感。

光是這道沙拉大盤就已經呈現七彩般的彩虹滋味，旁邊小碟子上的白腹青花魚生魚片，以紫蘇、花椒、昆布醃漬熟成，在入口時能感覺其鮮美魚香外加冰鎮後沁心的油脂感，這道菜細細品嘗後讓人大嘆值得。

我突然發現，若不是有意識的慢慢咀嚼，在齒顎與口腔之間放慢速度，特意感受那三十一種味道的話，我很難發現其中美妙的滋味。這種經驗在日常生活裡並不少見，我們幾乎很少特意放慢步伐，或在用餐時特別留意食物是怎麼被送入喉的，牙齒怎麼去咀嚼各式質地的食物，吞嚥時味蕾帶給我們的滋味。

還記得孩提時候我們對任何事物都覺得新奇，凡事都想嘗試的樣子嗎？如果仔細觀察周遭孩子對每件事物充滿好奇的樣子，你會不禁莞爾。只不過隨著年紀增長，我們的好奇心逐漸被習慣取代了。根據研究顯示，人到了三十五歲左右，日常生活的反應基本上都是由「習慣」來取代。高達百分之九十五的行動都是由「慣性」來主導，而慣性這種無意識的狀態帶領著我們快速、有效率的應付每天的生活、甚至是衝擊。

回想看看，早上起床第一件事可能就是先到洗手間，然後走到廚房按下義式咖啡機的開關，沖泡一杯熱騰騰的咖啡。接著就走到陽臺伸伸懶腰，看著親手栽種的茉莉花，給它澆澆水，最後走到小孩房間，呼喚他們該準備起床了。

這一切都已經形成了你的習慣，甚至可能早上起來不用睜開眼睛，朦朦朧朧就可以摸索著完成很多事情。

這樣的習慣帶給我們的好處是，凡事變得有效率，大腦不經思索，不用理會身體感官，就可以依據過去既有的經驗來處理很多事。當然，壞處就是我們刻意屏蔽身體發出的感官訊息，以至於在處理事情時，往往踩在錯誤軌道而不自知。

我經常在工作坊裡舉一個很簡單的例子，一般學過英文的人大概在聽到對方問你「How are you?」時，都可以快速回答：「I am fine, thank you.」我測試過十個人有八個都是這樣回答，這已經是反射動作，不需要太多思考就可以回應。

同樣的，我在對話時，經常會詢問當事人的感受，比如：「當你聽到媽媽大聲對你咆哮時，你有什麼感覺？」不熟悉感受的人很多會回應：「我覺得媽媽不愛我。」

「我覺得是不是我又做錯了什麼？」仔細聽一下這類回應就可以發現，那是腦袋裡的思考，並非身體或心理的感受。這樣的提問與反應，在本書前言所提崇建對一位媽媽的問句裡也可以見到。

在帶領當事人體驗身體跟心裡感受時，通常我需要更沉穩、專注看著當事人，刻意將語調放低，先利用深呼吸慢慢放鬆身體，然後輕輕呼喊當事人的名字，接下來請當事人刻意感受身體的每個部位，是否感覺頭腦脹脹的、臉麻麻的、頸部僵硬、肩膀緊繃、胸口悶悶的、雙手顫抖、肚子緊緊的、大腿痠痠的、小腿抖動。

透過一次一次的核對，猶如攝影畫面的慢鏡頭，逐步而且緩慢的移動，讓當事人能細細的覺知身體每個部位發出的訊息。

做完「身體掃描」後，這個攝影機的鏡頭就會開始探索當事人的內在，通常會從生氣這個情緒開始核對，接著可能按照事件的脈絡陸續核對焦慮、緊張、害怕或悲傷等情緒。每核對一次就稍微停頓一下，讓當事人能循著聲音的引導，帶著鏡頭緩緩滑過心頭，看看到底體內有哪些情緒是當事人之前沒有注意到的。

在經過這樣一輪帶領之後，當事人通常可以比較細緻的去經驗自己的內在，清楚看到自己在事件裡有哪些情緒。

在這種細嚼慢嚥的過程中，我們可以仔細去品嘗專屬身體的「三十一種味道」。這就是我們和自己連結的第一步。

情緒清單

許多人來參加長耳兔心靈維度舉辦的工作坊是為了學習溝通，如果細問學了溝通以後目標為何，大多不外乎是與同事增進溝通能力、和家人有品質的互動或引導孩子達到父母的期望等，多數人是想藉由學到的溝通工具來改變他人。

對於「改變他人」一事，大家都有志一同，鮮少人會想到自己要先做出改變。

我經常在工作坊說一個故事。

二次大戰期間，美英法聯軍從法國諾曼地（Normandy）登陸反攻後，一路推進到名為布爾施特的小鎮，這個小鎮緊臨德軍戰地前線，在此地的醫院經常被用來做為戰地醫院，專門治療前線受傷的戰士。

某天，不幸被砲彈擊中、傷勢嚴重已陷入昏迷的歐菲克將軍，被緊急送到醫院準備進行外科手術。

外科醫生與護士一同來到手術室，醫生仔細檢查了將軍的生理狀況，並向旁邊的護士叮囑開刀需要的物品。

醫生呼喚護士道：「請幫我拿手術刀。」

護士沒有回應。

醫生再度呼喚：「請幫我拿手術刀！」

這時護士動也不動，不發一語，她的臉色也愈來愈難看、愈來愈難看。

護士沒有回應醫生，也沒有遞上手術刀。只見她慢慢從腰間亮出一把白晃晃的匕首，二話不說就刺進醫生腹部。

此時醫生瞪大了雙眼問道：「……為什麼？」

護士潸然淚下回答：「對不起，醫生。你平常待我非常好，我不會忘了你的恩情。但今天我沒辦法讓你救這位將軍，因為我是德軍派過來臥底的。這位將軍對我軍威脅太大了，你一旦救了他，我軍很可能會有重大的危險啊！」

護士邊解釋邊掉淚。

醫生依然一副驚恐與不解，氣若游絲的說：「那你……殺他啊，幹嘛殺我？」

我們學習溝通的目標其實和這名護士一樣，搞錯對象了。雖然這是杜撰的笑話，但藉此強調我們過去的對話慣性都是想先從「改變別人」開始，而非先改變自身慣性。

請別搞錯對象了。

所有回應都要先從自己開始，因此這個由內向外的功夫必須做得相當到位，讓自己處在絕佳的「當下」覺知裡，在外在應對時才不至於偏離。

找出屬於自己身體的「三十一種味道」是對話的基本功，因此觀察自己身體感官與內在情緒變化尤其重要。這和我們平常的慣性大不相同，我們通常已經習慣先觀察周遭事物、觀察其他人的動向，藉以做出自己的回應，很少會先觀察自己。

很多來上課的學員接觸到工作坊的課程後，才發現與他們的預期不一樣。原先他們會以為就是來學對話方法以說服其他人，但接觸課程後，才知道原本預期的路徑錯誤。這如同我先前說的笑話一般，搞錯對象了。

真正的對話路徑是先從自己開始的。

當我們遇到一起事件，習慣性的會直接應對，方式不外乎薩提爾女士提出的討好、指責、超理智和打岔這四種比較不健康的應對姿態（第三章詳述）。

我們似乎很少傾聽內在的聲音。

假設你今天是便利商店店員，在新冠肺炎疫情期間，公司給你的任務之一是提醒每位進門的顧客戴上口罩。某天你發現進來的客人未戴上口罩，這時候你發出警告：「先生，請戴上口罩。」

如果顧客不耐煩的回應：「你管那麼多幹嘛，這是我的自由。」

我請你在這個狀況下先做一個深呼吸，先覺察自己的內在感受。你可以利用下面的情緒清單幫助自己多一點辨識。

- 生氣
- 難過
- 驚訝
- 恐懼
- 受傷
- 煩躁
- 挫折
- 沮喪
- 憂鬱
- 孤單
- 害怕
- 尷尬
- 焦慮
- 不安
- 緊張
- 悲傷
- 自憐
- 自責
- 內疚
- 擔心
- 遺憾
- 懊惱
- 無助
- 無奈
- 無力
- 無聊
- 後悔
- 著急
- 羞愧
- 委屈
- 失落
- 絕望
- 心疼
- 不捨
- 惋惜
- 慌張

你這時候的內在感受為何？

如果說溝通是一種由內向外的工程，先要在內在整合之後，才發展成合宜的應對，那麼覺察與辨識感受則是內在整合的第一關卡。

想像一個內在升起諸多情緒的人，如果我們不理會內在的各種感受，就自顧自的想要回應外在，那會是怎麼樣的場景。

許多人不習慣這個程序，沒有在內在先取得連結，反而經常很快速的要在應對上做出反應，很多時候音量就會加大，聲音頻率升高，臉部線條緊繃，加上手勢做出攻擊姿勢，很容易造成雙方的衝突。很不幸的，曾有一位超商店員因此遭受攻擊引發憾事，這是我們都不樂見的。

這個情緒清單能夠幫助自己細細辨識內在的各種發生，這也就是心理學界推廣的「正念」基礎功。有了情緒清單，我們可以透過一些方法，讓自己內在情緒被看見，然後被連結。

試著先不要急著在外在回應，嘗試在內在走一條看見到接納的步驟，我們會先取得自己對內的和諧狀態。

SAGE，允許自己內在的所有發生

有一回岳父要去醫院做個小手術，我開車載他和岳母到醫院住院做準備。在前往醫院的路上，岳母不斷叮嚀岳父：「這只是個小手術，不需要緊張，要靜下心來，好好聽從醫生指示。」

岳父看不出來是否緊張，不過他一如往常看著窗外。岳母自顧自的在岳父身邊不斷說：「不要緊張，要冷靜喔！這是個小手術，別害怕，不要緊張。」

岳父沒有答腔，也不知他是真的緊張而不說話，還是聽了岳母的話「不要緊張」，所以外在盡量不顯現任何緊張樣貌。

啟程沒多久，岳父舉手指著前面一塊空地說：「你們看，這裡已經搭起圍籬，看起來也要有新建案了。」

岳父才剛開口，岳母就打斷說：「你管那麼多幹嘛，這時候你要靜下心來，準備手術，不要分心去看別的地方，要冷靜！」岳母的表情嚴肅，似乎岳父一點點動作就能引得她內在焦慮。

我從後照鏡看著後座的岳父、岳母，覺得二老的對話頗為有趣，我只是默默開著車，並沒有答腔。

沒多久，岳父又指著一個店面說：「這裡也開了一家餐廳，之前怎麼不知道。」

岳母聽到岳父又開口說話，馬上提高音量，夾帶著手勢拍打坐在旁邊的岳父：「就跟你說了，不要緊張！不要再說話了，靜下心來。專心準備手術，不要緊張，知道嗎？一定要冷靜！」

我在駕駛座聽了兩人的對話不禁莞爾。岳母的聲音高亢且急促，我可以感受到她內在的焦慮正在影響她。我忍不住笑著問岳母：「媽，你會緊張嗎？」

岳母立刻就回應：「又不是我開刀，我幹嘛緊張。」

我知道她不習慣覺察自己的情緒，也沒有繼續多問，不過倒是岳母說完後就靜下來沒有多說話了。過了約莫兩分鐘，岳母開口了：「也是會緊張啦！」

這樣的場景，我相信很多人不陌生。

我們對於自己內在的感受有多麼陌生啊！當這些感受盤據在我們身體裡，以無頭蒼蠅之姿四處亂竄，我們卻絲毫不去理會，就想要在外在有所回應，可以想見這些回應多半是不健康的，無益於溝通。

我後來在演講時發展了一個更簡短的口訣（SAGE，看見、承認、允許、接納），希望用這個訣竅幫自己回到當下。

- See It（看見情緒）
- Acknowledge It（承認情緒）
- Grant It（允許情緒）
- Embrace It（接納、擁抱情緒）

這四個英文詞組的首字母正好是「SAGE」這個字，英文字 SAGE 是鼠尾草，同時也是聖人的意思。利用這四個詞組口訣，讓我們在情緒升起的同時，透過大腦的引導讓身體能與情緒連結，這也是一種「有意識」的引導做法。我們習慣於腦袋的邏輯思考運作，那麼就讓腦袋幫助自己，透過腦海中唸出這四個步驟，讓我們可以與情緒貼近，活化前額葉的運行。

在事件發生時，最重要的就是覺察的功夫。如果可以時時刻刻覺察自己，那麼在情緒升起的同時，可以很快就知道內在的感受開始運作了。這個口訣可以幫助大家首先**看見**自己的情緒，並且給這些情緒命名。一旦能辨識這些情緒是什麼，基本上身體與情緒就會開始靠近。

情緒命名後，可以用語言告訴自己，我**承認**我的這些情緒，讓辨識情緒的工作更到位，這也是確認身體已經接收到大腦杏仁核發出的警報，前額葉也同時開始運作。

再來就是**允許**自己內在的所有發生。這個動作很多時候會因為過去的經驗卡關，大腦開始升起「我執」，批判自己的行為，或是開始進入另一個小劇場，不斷互相打架，一邊告訴你要接納自己，而另外一邊開始貶低自己，怎麼連這樣都做不到等。我們可以深呼吸，細細觀看這些內在感受的起起落落，盡量不要批判，但若有任何不適的感覺，看著它、允許它就好。

最後一個動作是**接納**。一旦看見、承認、允許之後，最後我們藉由這個口訣告訴自己，我完全的擁抱與接納自己內在的所有發生。不管內在的情緒是生氣、委屈、難過、孤單或悲傷，我都毫無條件的接受，不驅趕、不打壓，這也是一種愛自己的方法。

以前文我岳母為例，如果可以先回應自己內在的緊張、焦慮、不安、擔憂、害怕等諸多情緒，透過 SAGE 四個步驟來操作，最後就可以安穩承接住內在的種種感受，讓副交感神經帶動身體緩和，在應對上就會變得更安定。她的話語可能就會變成：「你看到外面有新建案呀！你忙著叫我們看，你會因為手術而緊張嗎？」

如果可以，搭配手勢，你可以更實體化的靠近自己。

在情緒（例如生氣）升起時，伸出左手握拳，看著左手的拳頭告訴自己：「我看見我的生氣了。」

接著看著拳頭說：「我承認我有生氣。」

第三句告訴自己：「我允許自己是生氣的。」

最後，用右手抱住左手拳頭往胸口內縮，代表我要接納並擁抱這個生氣的情緒。

我曾經帶領學員操作，有位學員說她做不到抱拳回收的動作，光要右手做包覆左手拳頭的動作都猶豫很久。我跟她核對之後，才知道她從小就被教導「不能生氣」，因此她內心的小劇場不斷上演著抗拒的戲碼。如果你在這裡也卡關了，我請你先接納這個卡關的狀態，允許自己做不到。

看見「接納」過程裡的抗拒

每天練習有意識的覺知自己，練習**看見**、**承認**、**允許**、**接納**自己體內感官、情緒的所有發生，你會慢慢熟悉身體，成為身體真正的主人。

漫威（Marvel Studios）電影「奇異博士」（*Dr. Strange*）有一個很有趣的場景。主角史傳奇（Stephen Strange）出了車禍，無法在熱愛的外科職場繼續握手術刀，他萬念俱灰，千方百計想治療身體，讓自己恢復到以往可以精準進行外科手術的狀態，於是找上長年在喜馬拉雅山上偏僻的「卡瑪泰姬」（Kamar-Taj）禪寺修行的大師「古一」（Ancient One）。

面對前來求助的奇異博士史傳奇，古一告訴他：「你無法讓河流聽命於你，而是必須臣服於它的水流，借用它的力量。」

史傳奇詫異的說：「靠俯首稱臣來控制它？這根本不合理。」

聽起來確實有點違反我們的認知，對吧？

在我們面對自己的情緒時，其實就像站在河流裡。以前的我們總是學習要去抗拒這股強大的逆流，試圖站在河流裡屹立不搖，但經常搞得自己筋疲力竭，最後還是被河流淹沒。但現在我們要試著不去對抗河流，而是臣服這個河流帶來的水流力量，全心全意的靠近這個波浪，體驗它、接納它，最後你會掌握這個水流之力，變成可以運用的力量。

一旦你擁有這個力量，在對話上的運用就會無往不利。

過去的我們總想著要在物質世界找到一個「對」的道理，並用盡全力捍衛自認為

「正確」的方式，我們愈是這樣做，愈陷入「我執」。

佛曰「一念無明」是指見、欲、色、有四種住地煩惱。無明的基本意思就是我們不能見到世間實相的根本力量，這也是我們執取和貪嗔的根源。

所謂的「我執」和無明很接近，就是執著自我的缺陷、欲念，一切以自我為中心，固執己見。佛家認為「我執」是痛苦和輪迴的根本原因。

佛經對於「我執」與「無明」的解釋闡述甚多，我認為簡單來說，形成我執根本的原因是從小到大逐步學習而來。

當然這個學習包含原生家庭主要照顧者（父親、母親或甚至爺爺、奶奶）對我們的教養、學校教育給予我們的規範，和人際相處時社會文化給我們的框架。隨著生長過程，我們腦神經接收到外界環境輸入的訊息，搭配大腦內部的神經連接，不斷創造新的神經迴路。

美國脊骨神經醫學博士喬・迪斯本札（Joe Dispenza）在他的著作《未來預演》（*Breaking the Habit of Being Yourself*）裡提到，一個人的習慣養成基本上會透過三個步驟：思考、實踐、存在。

還記得剛學開車的時候嗎？我們手握方向盤，腳踩油門與煞車的位置，右手偶爾要關注換檔，眼睛看著正前方的交通號誌、行人或車輛，你的大腦不斷運算怎麼開車才符合交通規則、乘坐舒適，還有最重要的安全無虞。

大腦神經突觸不斷收到刺激並建立連結，就是為了能把這樣的「思考」變成一種新的連結模組，告訴身體這樣的手腳行動是符合你想要的規則、舒適與安全要素。

在身體習慣聽令新建構的思考模組後，這個行動模式就會漸漸養成，大腦與神經系統就會完成一套固定的迴路，變成一種固定「存在」的布線系統，這也就是我們慣性的養成。

慣性一旦養成，日常工作就會變得輕鬆許多，很多事情幾乎不太需要「思考」就可以完成。例如，開車要左轉或右轉時，就會很自然下意識的撥動方向燈撥桿；車子開在高速公路上，仔細觀察路況的精力會慢慢隨著熟悉程度而減少，多餘的心神就會拿來聽音樂、聊天或思考其他事務。

這種「自動導航」的慣性雖然有助於應付繁雜的日常生活所需，但也容易導致大腦沒辦法接受新的神經元連結，而對於新的慣性產生排斥感。

除了日常生活，對於不喜歡的事物，我們更容易運用長期以來的慣性來做應對。這讓我想起二〇〇六年由亞當・山德勒（Adam Sandler）主演的喜劇電影「命運好好玩」（*Click*）。

山德勒飾演的主角麥可・紐曼（Michael Newman）無意間在商店裡取得一個非比尋常、能將生命時間快轉的電視遙控器。在遇到不如意時，他可以按下快轉按鈕，讓自己的身體處於「自動導航模式」，無意識的快速度過不如意的時光，讓自己專注在成功的事情上。

紐曼如願成為成功人士，但因為「自動導航」的慣性，讓他失去了心愛的老婆、失去了與孩子相處的成長過程、失去了陪伴父母的時間，人生如跑馬燈般瞬間在眼前飛逝。等他明白那些時刻的生命意義是重視當下，他已滿頭白髮，歲過中年。

人生就如同這個遙控器，只能不停往前，無法停留在某個時刻，更不能倒帶。

當你無意識的用慣性來回應事件，那麼就會像遙控器的快轉功能一樣，無法讓你真正的經驗當下，錯失許多重要生命情節。

這裡說的快轉是由生活中的點點滴滴累積而成的慣性，如果是因為重大創傷而產生的解離反應，那又另當別論。但相同的是，很多人都難以察覺自身的慣性行為與情緒，或是早就接納這樣的慣性成為自我認同的一部分。我們的理智或思考會忽略某些自動產生的行為，或合理化這樣的行動。

記得時常透過吸氣四秒、緩吐八秒的深呼吸法則慢慢掃描自己的內在，看看現在的我有什麼感覺，一個一個辨識出來之後，透過 SAGE 的方法接納每一種狀態。

以這樣的方式刻意中斷慣性，慢慢就會拿回身體的主導權，不再讓「自動導航」控制生活。

除了「平時」可以透過深呼吸來覺知，當有衝擊事件來襲的「戰時」，我們更可以利用 SAGE 先讓自己回到當下，以最佳狀態去面對外在環境。

當這個練習成為新的習慣，我們在對話上就會更安穩。

引導他人靠近內在

某日，年約三十歲的瑪麗來到工作坊，她在工作上遇到一些挫折，想知道怎樣能讓主管看到她有好的表現。

在工作坊裡，瑪麗看起來相當投入，文靜秀氣的臉龐卻有著堅毅的線條。在我講到如何在對話裡先嘗試連結自己，看見自我之後才貼近他人，而非一開始設定目標就想解決問題時，她提出了困惑。

「崇義老師，你說要先連結自己，不要先嘗試解決問題，但我看到了自己有難過和委屈，然後呢？」

「瑪麗，你說看到自己有難過和委屈，是嗎？」我直接核對瑪麗的感受。

「對啊，看到了這些情緒，然後呢？」

「先別這麼快，瑪麗。我先釐清一下，你的難過和委屈是因何而起？」我繼續在感受裡找尋事件的蛛絲馬跡。

「前一陣子，公司的經理決定將我的同事喬治升任副理。我覺得很困惑。我進公司不久，這位經理就曾讚賞我的表現，說我將來大有機會，希望我好好努力，我也能明顯感覺到經理對我的厚愛。可是他怎麼會把升職的機會給另一名比我資淺的員工，他不是說我大有機會嗎？」瑪麗說到這裡，兩行眼淚撲簌簌落下。

「瑪麗，你說到這裡有大量情緒，你感覺一下，那是難過、委屈，是嗎？」

瑪麗停了一會兒，回覆道：「還有生氣。」

「生誰的氣？」

「經理呀！」

「還有誰嗎？」

「嗯，還有自己吧！覺得是不是自己的努力不夠。」

「自己啊？怎麼也會對自己生氣呢？」我好奇。

瑪麗低頭不語。

「瑪麗，你說經理要把升職的機會給資淺的員工。我確認一下，你向經理詢問過原因嗎？」我從情緒轉換成事件探索，企圖拼湊出瑪麗腦袋中的畫面。

「我問過，經理說：『沒辦法，喬治雖然比你資淺，但副理要經常代替我去拜訪客戶，我雖然很看好你，但你剛結婚，女孩子總是以家庭為重，我還是必須考量公司需求和你的生活重心，所以決定先讓喬治升上來。』這就是我生氣的地方。明明我有能力，為什麼他不讓我升職？」

聽到這裡，我大約明白了。瑪麗的經理可能有著傳統框架，認為女性結婚後會將重心放在家庭多一些，考量公司整體發展，也顧慮瑪麗生活狀態的轉變，他選擇一條自己認為「安全」的路線。

我不難理解瑪麗的經理為何這麼做，但對於瑪麗的生氣，我有了一些新的好奇。

在我的職場經驗，同儕競爭是家常便飯，很多時候眼睜睜看著能力不如自己的同事受主管重用，心裡確實不是滋味。我知道在公司裡職稱代表著一個人的成就，但我也可以理解公司為了整體考量所做出的決定，我若是真的不能接受，可能就會尋求向上談判或離職。自我要求帶來的是自我負責，而不是對自己生氣、插刀。

但這是我，不是瑪麗。

「瑪麗，你剛剛說經理對你讚譽有加，對嗎？他是怎麼稱讚你的？」我打算從外在事件多了解瑪麗和經理的互動。

「他說我做事勤快，交辦我做的報告都能很完整的呈現，而且不管多緊急，都能準時交差。」瑪麗說。

「聽到經理這麼說，你有什麼感覺？」我從事件進入瑪麗的內在感受。

我引導瑪麗深呼吸，讓她能經驗被經理稱讚的感覺。

「我感覺暖暖的，我的付出被人看見了。」瑪麗說著說著，胸口起伏加劇。

「你也會看見自己的付出嗎？」我問。

「嗯，我看見了。」

「我再確認一下，一個付出被看見的人，你會對她說什麼？」

我在這裡請瑪麗先停一下，緩慢的貼著自己胸口，貼著自己內在感受告訴自己：

「瑪麗，我看見你的努力了，你很棒。」

我繼續問：「即便瑪麗有了生氣、委屈和難過，你也會看見她並接納她嗎？」

瑪麗想了想，點點頭：「應該會。」

「既然如此，我想和你核對一下，不管是否升遷，你也會愛這樣的自己嗎？」

「當然愛。」瑪麗毫不猶豫。

我請瑪麗先不要回應外在變化，而是從內在加深她對自己的接納。

「你對自己的接納和愛會隨著經理的決定有所改變嗎？就算經理的決定無法滿足你的期待。」我在這裡試圖挑戰她。

瑪麗在這裡陷入較久的思考，眼淚一陣一陣的滑落。很顯然，她的內在已開始反轉過去的慣性，準備走一條以往不曾走過的道路。

很顯然，瑪麗的畫面裡，固著的邏輯思考框架了她，使其對自己有較多的批判，我要做的是先讓她和自己和解，再來才是處理她與經理之間的溝通問題。

我帶著瑪麗再次緩慢的經驗她當下的感受，讓她能更靠近自己一點，除了強化她的覺知，也看見、接納各式各樣的自己。

我特意再放慢語速，輕聲的問瑪麗：「如果對自己的接納不會改變，原先經理做出這個決定時，你的內在有了生氣、委屈和難過等衝擊，那麼在你接納自己，成為自由之人的同時，你願意允許經理也成為自由之人嗎？」

瑪麗低頭，眼眶泛淚，我想這對她而言不是一條容易的道路。當我是自由的人，內在就不會受到他人綁架，因為我始終有選擇。每個人都是一座冰山，在看見自己的資源後，連結了自由的「渴望」，對於「期待」就會比較容易跨越。

我告訴瑪麗，連結了自己的內在，會讓自己先有了力量，然後我們再來討論如何和經理溝通，表達自己的感受、觀點與期待，這樣的方向會使我們在對話時展現出比較好的狀態，不至於陷入不健康的應對。

一次的工作坊或許能鬆動一點瑪麗批判自己的習慣，不過畢竟過往的慣性強大，以往只在乎那個未滿足的期待，鮮少連結自身的渴望，「執念」會不斷升起干擾著瑪麗。只要慢慢練習靠近內在感受，確立了自我的身分認同，就能慢慢體驗到當下自我價值揚升的感動，慢慢變得「自由」。

有了覺知，就能開始改變慣性。

我們可以嘗試練習時常透過深呼吸來覺知當下的各種發生，把身體的感官細胞放大，體驗每個細節，包括身體各個部位的感覺、內在情緒的變化，並且嘗試命名內在的感受，覺察現在的我是否有生氣、緊張、害怕、孤單、悲傷等。這樣的練習可以幫助我們擺脫慣有的動作，拉回到「當下」，脫離我執的軌道。

3

溝通第二步，修正應對姿態

多點覺察，善用優勢

根據薩提爾女士提出的冰山隱喻，覆蓋冰山下層主體的水平面，代表了一個人的應對姿態。

這個應對姿態有很大程度受到內在經驗的影響，產生了幾種不同的樣態。這些樣態就是薩提爾女士一直強調的「應對姿態」（Coping Stances）。

第二章提到我岳母因為內在緊張、焦躁沒有自我覺察，導致外在的應對顯得有些指責與講道理（超理智）。

這個應對姿態出現後，聽話者（我岳父）的內在有可能也會興起不一樣的情緒，也會出現他的應對姿態（打岔、不說話），這些姿態會導致對話的不愉悅和衝突，且無助於雙方的溝通。

第一章提到內在的各種狀態是在冰山的水平面以下，要是沒有好的潛水裝備可以潛入水裡，就看不見水面以下的各種樣貌。水面下的暗潮洶湧可能會在水平面上以不同的型態來展現。

現在，我們先來探究水平面上的幾種狀態。

討好

魯萍是我在北京工作時的下屬，很負責也很體貼，我加入公司前她就已經任職多年了，帶著一個二十幾人的測試團隊，負責幫我處理比較臨時或短期的小專案。

我很喜歡魯萍的為人風格，即便身為經理也不帶任何架子，對待員工也是身先士卒，總帶著一股傻勁向前衝。我剛進公司時，魯萍對我很服從，對我所提的要求基本上都照單全收。我說的想法或計畫她總沒意見，交辦的差事也從不拒絕。我很好奇，這麼資深且待人客氣的女性，怎麼在經理一職待了這麼多年都沒被重用。

當年我在北京工作，資訊服務產業需才孔急，很多科技公司拔地而起，也因此人才流動速度很快，外面只要有好的職缺通常公司就留不住人，魯萍在同一個職位待了三、四年是比較少見的。

有一次我在週一早上的週會裡，交代各部門經理一週內做出部門預算計畫表，讓大家評估未來一年可能的業務走勢、潛在客戶、競爭優劣勢及財務預估等。由於上頭要求的時間緊迫，每個事業部都必須提交這樣的年度計畫，我只能請每個部門都盡力評估，分析既有客戶，並列出可以開發業務的客戶。我收集好每個部門提交上來的資料後，還必須依照我這個事業部的實際情況統整做出專屬的年度計畫。

我看每個部門經理都眉頭深鎖，有的還向我抱怨時間太短，無法在短時間內收集資料云云。我問魯萍，你們部門最近有一個新項目這週會比較忙，請你這週做出計畫有困難嗎？

魯萍看看我，哭笑不得的說：「這週真的很忙，要趕出計畫是非常困難，但是沒關係，我們就做吧！」我聽著魯萍的話感到寬慰，也期待大家能按時交出計畫報告。

接下來的一週，魯萍時不時就會來找我討論她的計畫這樣做可以嗎、那樣做行不行，對於許多顯而易見的小事也不願意做決定，當然也很有可能不願意得罪我，所以處處都要詢問我的意見。

討好的人通常把決定權放在別人身上，自己不願意做決定，表面上看起來是很尊重其他人，但久了之後，被討好的人會覺得煩不勝煩，怎麼這麼一點小事都要問我，相對的，討好的人久了也會覺得委屈，怎麼我都做到這個地步，還不被認同。

魯萍的性格也是偏討好的人，不僅僅對我如此，我看她對待下屬也是這樣，我經常看她加班到很晚，許多事情一肩扛，造成下面的人覺得凡事有上面的經理搞定，個個爬到她頭上。當年的我還不知道對話可以從感受入手，僅針對魯萍的管理風格給予一些建議，我希望她能放手讓下面的人承擔責任，而她自己也需要負起一定的責任，不能每件事都沒有意見。

在管理學裡有個著名的「猴子理論」（Who's Got the Monkey?），這是由威廉・翁肯（William Ocken）和唐諾・瓦思（Donald L. Wass）在一九七四年提出來的。

很多管理者面對下屬時，經常遇到一個問題：「老闆，昨天你交辦的工作遇到一些狀況，我要怎麼解決？」很多管理者發現，聽完下屬的匯報並協助解決狀況後，自己原本計畫要完成的工作就被耽擱了。而本來應該是下屬要完成的工作，因為對方不願意承擔或想逃避責任，就把工作丟回給上司處理。翁肯把這樣的工作責任比喻成「猴子」，每個下屬都有自己的猴子，如果都交由上司管理，顯然，管理者自己的時間將變得很不夠用。

猴子管理法則的目的，是幫助主管確定由適當人選在適當時間用正確方法做正確的事。身為主管要能讓員工去認養自己的「猴子」，自己才有足夠的時間去做規劃、協調、創新等重要工作。如果主管總是將猴子攬在身上，等於把時間都放在解決下屬的問題上，他將筋疲力竭，也沒辦法完成上司交辦的任務。

什麼樣的主管會將「猴子」都攬在自己身上？慣於討好的主管因為見不得員工犯錯，或認為自己能力足夠解決諸多事，不敢、不願意看到別人受委屈，寧可有苦自己吞，所以很容易會把別人的事都拿過來。但久而久之，不但工作永遠做不完，自己也會覺得委屈和疲累，心裡不免感嘆：「怎麼都不體諒我，難道我做得不夠多嗎？」

一般而言，下屬要時時刻刻看老闆的言行舉止揣摩上意，才能在競爭環境裡生存下來，所以通常是在下位者比較會呈現出討好者的姿態。但若是在上位的人反而是討好者的姿態，那麼其他人自然而然會不斷把「猴子」丟上來。

通常做為下屬，討好的姿態是相當常見的，為了避免觸怒上級主管，很多時候需要放低姿態，委屈自己來成全大局。不過低姿態的形式久了之後，難免心力交瘁，也會懷疑自身價值，對待工作就會愈來愈感到無力。上級主管看到時時討好的員工也會感到厭煩，衍生出「我又沒叫你這麼卑微」的內在聲音，好似主管直接變成「加害者」，對於彼此之間的關係不會有幫助。

魯萍的部門曾有員工遺失客戶委託的設備，她為了安撫部門員工，也為了對我有所交代，她請我不要發怒，她可以自掏腰包做為懲罰。面對客戶抱怨時，她也經常提出「不然我委屈點別休假，我完成這個項目總可以吧！」當她這樣提的時候，我心裡就存在著「難不成把我當壞人？」的念頭，我根本沒想要她犧牲或委屈呀！

如果在公司裡，你是從下屬的角度來看，發現自己內在感覺到委屈、壓抑，而你的應對只是為了照顧頂頭上司或只是為了部門甚至整個公司大局，經常忽略自己的感受，你很有可能就是處於一個討好的姿態。我請你時刻覺察是不是沒有為自己發聲，如果是的話，適時說出自己的感受，並和主管核對你這樣提出自己的想法是否合宜。

而做為上司若經常使用討好姿態，語言上就會常常說出「拜託你了」、「幫幫我好不好」、「那算了，我自己做吧」這樣的語句。這是低位階的語言，久而久之，下屬很容易爬到你頭上，主管職在公司架構上原本就是高位階，用來指揮下屬的，語言或肢體上的低位階反而會破壞這樣的排序，影響公司運作。

同樣的，做為主管的你也要時常覺察自己內在是否有委屈與壓抑，如果有的話，記得提出你的想法，同時也要和下屬核對，你提出來的想法是否會給下屬帶來壓力。你可以做脾氣好的主管，但別做委屈自己的好好先生。

討好的人通常是跪在地上祈求對方能看見自己，位階比他人矮了一截。當我們覺察到自己經常運用討好的姿態及語句，記得先「站起來」說話。

指責

二〇〇〇年左右，網際網路的興起大幅改變人類生活，很多相關行業應運而生，我在當時加入一家以網路為主要行銷業務的公司。

那家公司是投資了十億臺幣等級的新創公司，試圖將原本刊登在報紙的傳統廣告形式製作成網路版，將所有紙本廣告收納在一起成為線上廣告集中所，讓需要找尋商家資訊的人可以在我們的網頁上進行搜尋。當時公司評估很多商家願意花點小錢上架到這個網頁上，但現在看起來這樣的商業模式很不成熟。

網路初始蓬勃時期燒錢尤其瘋狂，徵人、買設備、打廣告行銷無不重金投入，公司總經理在業界是出了名的大砲性格，每到週一週會時，他總在業務做會議報告時大發雷霆，對著業務團隊開罵。

當時身為業務專員的我，在會議室裡親耳聽著總經理大罵三字經，更不用說「你們這群豬」、「搞什麼東西，你們是白痴嗎？」這類字眼經常出現在會議上。伴隨著老總怒拍桌子狂嘯的音效，你不難理解為什麼每週一都會產生Monday Blue。

當時我的上級經理能力很好，但還是熬不過總經理無時無刻的壓力，大概撐了半年就打包走人，而我在公司的時間更短，在經理決定離開時，我也早早溜之大吉。

總經理易怒的性格導致許多員工紛紛掛冠而去，表現再好的人也很難在這樣的公司裡生存，我依稀記得每次週會時全身肌肉緊繃、頭皮發麻的模樣。

很神奇的是，二十年過去了，我和當初的經理還保持聯絡，他的個性與總經理迴異，對待下屬經常出自關心，也因此我們的連結仍然維持著。

指責的人一般比較關注事情該如何解決，重視自己更甚於他人，所以言語會容易苛責他人，運用尖銳語言促使他人能達成自己的期待。但這樣的姿態會造成不易與人連結，更不用說想要解決事情了。

做為主管因為要指揮部門同事，有時候確實會不小心發展成指責的姿態，語言上得理不饒人，下屬因為動輒得咎就會慢慢在心理上與主管距離愈來愈遠，凡事「公事公辦」。反正下屬不做也錯，做多了也錯，積極主動就是自討罪受，乾脆老闆怎麼交代怎麼做就好。

下屬對主管指責的姿態不多見，但也不見得沒有。

我以前帶的下屬經理麗明就常對我交辦的事項提出質疑。有一次我詢問她：「客戶希望我們可以每週提交一個測試週報的文件，你是否都有按時交給客戶？」我想要確保下屬部門的工作成效都能符合客戶的預期，結果麗明的回覆是：「要不然呢？你以為我們沒做事嗎？」

「我只是想確認你做了客戶要求的事項。」我說。

「要不你來做，這樣你就不會忘了。」麗明半開玩笑、同時意有所指的批評我不信任她。

我當下當然心裡很不舒服，腦袋只想著：「你搞不清楚狀況，我是你主管耶！」不過我並沒有說出口，只說了句：「有做就好。」對這個下屬我總覺得無法交心，距離甚遠。

一個經常語出指責的下屬，當然討不了上級主管的歡心，我當時自然不會把麗明擺在升遷與加薪的第一順位，即便她的工作表現非常有效率、目標導向很明確，但我很難對這樣的人委以重任。

指責的人經常將手舉高對著他人批評指正，講話的位階比別人還高一等。覺察到自己經常運用指責的話，記得先把自己那隻評論的手放下來。

超理智

想像有一個人雙手攤開聖旨，眼神望向你的頭頂，像是遙望遠方恭敬的對皇上交代，只聽到他緩緩道來：「在皇恩浩蕩之下，帝王之家澤被四方，大臣們需替皇上分憂解勞，為百姓黎民求福祉，為蒼生開太平，舉凡上諭之事，吾等必當戮力從公，不得懈怠，莫要辜負了皇上的殷殷期盼。」

如果你是臺下的大臣，每次聽到太監布達命令之時都要聽一番大道理，你的內在有何感覺？

我在臺灣某家公司工作時，部門總監調派了一位新的經理，直接管轄這個部門，我從原本匯報給總監，變成中間要多匯報給新的經理。

當時我已經在公司一年半，表現還不錯，頗受總監肯定，從專員升職為主任，以為職場之路應該開了綠燈，可以順利爬上經理職，但沒想到半路殺出程咬金，總監竟然從外面找來一位新經理。

當時我相當氣憤，跑去找總監想問個清楚。

總監告訴我：「崇義，你的工作表現不錯，但要升經理還是有點早，我們這個部門需要有專職經理來帶領，所以我從外面找了有經驗的人來做。

「這位經理歷練很多，過去待過大公司，帶人的經驗很豐富。另外一點是，公司正處於業務大幅成長的態勢，需要一個對客戶夠了解的人來帶領。

「公司要力拚在一年內上市，所以我們部門被分配的業績達成量預定明年要比今年增長一倍，這個數字對我來說是個挑戰，對大家也是。只有達成這個業績目標，你們將來才有更多機會，晉升也會比較快速。

「你的表現不錯，不用太擔心，只要好好配合新的經理，我相信你們部門的表現會很棒，要是公司明年順利上市，大家也都會有好的發展。」

總監面對我的質疑，劈里啪啦講了一堆公司的理由，以及為什麼需要請一位新的經理來帶領而非讓我直接出線，我聽他滔滔不絕滿口道理，知道他和公司當然都是為了目標在前進，但這對我一點幫助也沒有，只聽得愈來愈煩躁，心裡不斷有個聲音：

「跟我講那麼多做什麼，有前景有什麼用，你們到最後還不是會找空降主管，什麼時候才會考慮到我？」

我那時年輕，雖然知道升官還早，但聽到總監的話還是沒能平息胸中的那把火。超理智的姿態就是不斷說道理、解釋，在乎的就是達成目標，即便自己受點苦，或部門員工受點委屈，也不是關切的重點，只要為了達成目的，一切的舉措都合乎邏輯，都可以被合理化。

這個姿態看似合乎道理，但很顯然無法打動人心。當事人好像為了一個大目標隨時可以被犧牲，怎麼可能貼近到一個人的內在呢？如同當年的我，被「說教」了一堆，自然覺得不舒服。

做為主管，除了「指責」很常見，「超理智」幾乎也是占了應對姿態的大宗。一味用道理壓制，當事人只會感到厭煩、焦躁。

下屬其實也經常會使用「超理智」的姿態。我的職場生涯經常要面對軟體工程師，他們因為工作習慣，需要運用很多邏輯思考，才能按照客戶想法開發出程式。不過他們在面對人的時候，也會經常運用「邏輯」來溝通，不斷嘗試用解釋、規則來和我談事情。不擅於面對感受的工程師，有時像是一部電腦，只有〇與一的邏輯不斷在大腦裡循環，講出來的話語自然就會變得生冷，沒有溫度。

不斷說道理、給答案，關注如何解決問題而非關注如何靠近一個人，這是「超理智」（Super-Reasonable）的姿態。這樣的姿態就像電腦程式，單純目標導向，遵守邏輯，說出來的話語通常比較冷硬，很難讓人有親近感。

覺察自己有超理智特質的人，可以先從靠近感受開始練習，少一點「解決問題」，多一點「貼近一個人」的想法，透過覺察來微調自己的姿態。

以前文的案例來看，若是總監可以先詢問我的感受，不要試著解釋他的決定，就可以很平和的和我站在一起。例如，他可以這樣說：「崇義，這次我們找了一位新的經理來管理你們部門，你覺得不高興，是嗎？」「崇義，我明白你不舒服的點，畢竟你在部門裡表現不錯，這位新的經理來會對你的工作帶來打擊嗎？」

從貼近內在出發，少一點解釋與規則，做主管的才能聽懂下屬的心聲。

打岔

持有這個姿態的人通常有兩種特質，第一是很會插科打諢，風趣且幽默，但討論起事情總不在問題核心打轉，老是顧左右而言他。第二是經常逃避問題，不願溝通。

有一年我在臺灣的公司上班，財務部同事寶弟負責計算每個部門的損益，在年底時做為老闆給員工打考績的參考。有一次我和寶弟開會檢討年度業績，我問他到目前為止，我的部門今年業績目標的達成率到了多少，我想要看看是否需要把明年度客戶承諾的業務先在今年結算，如果需要，我還要和客戶商量一下，找個合適的方法在今年先入帳，但這個做法非常需要客戶的承諾，沒有必要，我就不會走這一步，否則等於欠客戶一個人情。

寶弟說：「你可以的啦，別擔心啦！你人緣這麼好，客戶都會聽你的呀！」

我說：「我問的是，我部門的年度業績現在達到多少，除了營業額以外，利潤是否達標了？」

「你的客戶已經這麼厲害，不用擔心，我猜你的客戶會挺你。」

「嗯，我知道，不過我想了解我部門今年的業績如何？」

「業績是拚人品的啦，人品好，有人緣，就不會有問題，你的客戶都很穩啦！」

「ＯＫ，但我還是想知道今年的業績如何？」

「老闆說，部門業績會影響到你們的年終獎金，加油喔！」

我當下頭上直接冒出三條線。我問了好幾次，想知道部門的業績如何，但得到的都不是我要的答案，寶弟的回覆像是鬼打牆，根本沒針對我的問題回應。

跳 tone 的人往往會把話題扯到別的地方去，沒辦法專注在討論的議題上深入溝通，雖然這樣的人有時很搞笑，但卻很難達成共識。

不論是主管或下屬呈現打岔的狀態，這個團隊就不容易聚焦在目標上溝通，除了經常會岔題，不願意溝通也是一種打岔。

講話不在問題核心上討論，喜歡拉東扯西，不願意面對正題，這是打岔的姿態。

轉身不回，不想看見溝通的人、不想積極認真面對事物，這也是打岔的姿態。

你如果是時常打岔的人，同樣可以先專注當下，從自己的內在開始熟悉，在靠近與接納自己內在的發生之後，你會開始顯得沉穩，面對問題時也不會想要用各式各樣的方式逃避。

西遊記團隊

一個團隊裡很多時候會存在著擅長各種姿態的成員。我經常拿《西遊記》來做舉例，強化大家的印象。

如果我們把《西遊記》唐三藏、孫悟空、豬八戒、沙悟淨四人各自歸類到一種應對姿態，唐三藏很清楚會是擅長運用「超理智」的人。

他動輒要對這幾名弟子曉以大義，告訴他們佛法的道理，更重要的是，經常對孫悟空開示，孫悟空若有不從，更會默唸緊箍咒，讓孫悟空頭上的金箍緊緊卡在頭上，痛不欲生。

孫悟空擅長指責，見到不平之事經常抱怨，尤其是數落豬八戒的功夫更是了得，常常追著他痛罵：「整天好吃懶做，連師父都照顧不好。」

豬八戒自然是喜歡打岔的類型，遇到困難總第一個逃避，當孫悟空百般拚命保護師父到西方取經的同時，豬八戒心思總想著美食、美酒和美女。他有時搞笑，卻難以跟團隊好好專注的溝通。

沙悟淨則是討好的代表，當孫悟空不斷指責豬八戒為何不用心保護師父時，他總會出來打圓場，也願意犧牲自己委屈求全。

你的公司裡是不是也有「西遊記團隊」？雖說這四種應對姿態對溝通不利，但其實這些也是我們從過去經驗裡學來的求生存姿態。討好的人通常心思細膩，性格傾向優先為他人著想；指責的人善於發號施令，具有領導特質；超理智的人重邏輯思維，凡事講究理論基礎與規則，打理事情時井井有條；打岔的人通常幽默風趣，在團隊裡能化解僵硬氣氛。

即便有時候在溝通上大家的意見會不一致，無法達成共識，但只要善加利用每個人的長處，這個團隊還是有可能達成目標。

如果你自己先被情緒主宰了身體，溝通就會窒礙難行。我們可以在每個當下先覺察自己是否因外在刺激而情緒波動，利用第二章SAGE的步驟先靠近自己，接著利用對話找到團隊成員的優點，比如孫悟空是能指揮團隊的領袖、唐三藏博學多聞且邏輯性強、沙悟淨則是細心體貼，而豬八戒總是可以化解緊繃的氣氛。這樣的團隊每個成員各有所長，只要懂得截長補短，就是一個無敵團隊。

我們不用要求他人先改變應對姿態，只要自己多點覺察，把自己多拉回當下，你就可能成為驅動齒輪的動力。

4

溝通第三步，一致性的應對

站在同樣的場域，彼此理解

一致性

除了上述四種應對姿態，薩提爾女士認為比較健康的姿態是一種和諧、體貼、尊重人、平穩、如實的樣貌，這個樣貌的姿態，稱之為「一致性」。

一致性首先講求的是內外在一致。當我遇到一起事件，內在有了一些衝擊，這些衝擊化成了內在感受，我需要先知道這些感受是什麼，怎麼跟這些感受共處。當我能如實接納內在感受，便能適切表達自己的感受。

這個內外一致通常是基於我們對自己的誠實。

愛蜜麗．艾利森（Emily Alison）與勞倫斯．艾利森（Laurence Alison）合著的《信任溝通》（*Rapport*）裡提到，真正的溝通必須建立在關係中的信任，而建立信任關係的基石有幾個原則：**誠實**、**同理心**、**自主性與回映**（Reflect）。現在比較大的問題是，我們是否也能對自己誠實？這會是一切關係的基礎。

當外在衝擊來臨，我們可以運用深呼吸（深度吸氣四秒鐘、緩吐八秒鐘），讓自己專注在當下的「存有」裡，放掉腦袋中的思緒，不要讓它將你綁架在過去或未來。艾克哈特．托勒（Eckhart Tolle）在《當下的力量》（*The Power of Now*）一書裡提到：「將你的注意力聚焦在這一刻，你的人生處境也許充滿了問題（大多數人都如此），但重點在於，去找出此刻的你有什麼問題。不是明天或十分鐘之後的你有什麼問題，而只是此時此刻。你在當下有任何問題嗎？」意即在當下的你，只會全然感受身體或內在帶來的豐沛感受，而不是腦袋中的紛擾聲音。

如實感受身體的感受、全然接納當下便是與自己誠實的連結，這也就是內外達到一致。這個時候我們就可以訓練自己在外在應對上達到一致性的溝通。

如同前文講述溝通上內外不一致的四種應對姿態，但不要忘了，所有的應對都是我們生存法則之下衍生出來的狀態，即便這些姿態不是最好的溝通樣貌，我們都練習去接納便好，畢竟「一致性」也只是我們可以運用的一種「選擇」，它並非是一種絕對的追求。如果被「一致性」框架了，那麼我們也缺乏了選擇的自由。

關於內外一致，我想起之前與朋友尼拉談天時的內容。

在北京工作的那幾年我交了許多朋友，尼拉無疑是好友中的哥兒們。

三年前我到河南鄭州籌辦工作坊，尼拉特地從北京坐高鐵來鄭州和我碰面吃飯。為了和我碰面，他不惜坐了兩、三個小時的高鐵，到一個他也鮮少拜訪的城市來，讓我著實感動。

我們就在我的落腳處附近找了一家湘菜館，隨意點了一些湖南菜，兩人喝著啤酒話家常。

尼拉提到他在廣州的朋友某次託付他一件事，朋友的女兒要到北京鳥巢體育館觀看五月天的演唱會，請尼拉先在北京現場幫女兒取票。尼拉說，他原本還以為這位朋友的女兒很小，沒辦法自己做這件事，所以才請他先去取票，後來才知道這個女兒已經二十歲了。

「都已經二十歲了還要我幫忙，應該要自己搞定的。」尼拉不以為然的說道。

「不過後來我見到這個女孩子，基於長輩的禮數，請她吃了一頓飯。這頓飯讓我對她完全改觀。」尼拉繼續說。

「原來這個女孩子很獨立，是她爸爸放心不下才拜託我去取票。小女孩很久以前就獨立到世界各國去旅行了，自己去過非洲，還去過南美洲，都不是那些特別發達的國家。她也去過臺灣，她說很喜歡。」尼拉滔滔不絕說著這個女孩子的事蹟。

「我覺得這個女孩子很了不起，年紀這麼小就勇於闖蕩世界，獨立的個性我很欣賞。」尼拉讚美女孩子相當獨立而且有想法，彷彿做了一些他年輕時做不到的事。

「你羨慕她嗎？」我笑笑問尼拉。

「羨慕啊，年紀這麼小就敢這樣全世界到處跑，我覺得很不容易。」

「如果是你年輕的時候，你有能力像她一樣全世界到處跑，你願意嗎？」

「願意啊，不過我可能做不到像她這麼勇敢。」尼拉說。

「尼拉，如果你兒子曉曉長大了告訴你，他想要自己獨立去體驗這個世界，你會放手讓他去嗎？」我提了我的好奇。

曉曉是尼拉的獨生子，今年才十歲。這一代七〇或八〇後的父母因為中國大陸施行一胎化，許多孩子都受到家裡的寵愛，而且隨著一線城市經濟快速發展，許多人家裡都是三個家庭寵一個孩子。這三個家庭包含孩子自己的爸媽，也包含了爺爺奶奶、外公外婆那一輩。

尼拉聽了我的問題，立刻回答：「那不可能！」

我笑笑的問：「怎麼不可能啊？你不是說如果你年輕，也想要像那個女孩子一樣嗎？如果你的孩子長大了，也獨立了，他想去環遊世界你怎麼就不讓他去了？」

尼拉說：「那不一樣，那是別人的孩子嘛，自己的孩子總是顧慮多一點。」

我嘴角揚起了微笑，沒有反駁尼拉。

做父母真不容易，有時候嘴上說一套，但真正要做卻做不到。很多人經常教育孩子有禮貌、守秩序，但同時也教孩子不用墨守成規，有漏洞要記得鑽，以免吃虧。

我們可以理解父母愛護孩子的心理，但在教育的觀點來看，盡量保持一致性的立場與訊息，對孩子而言比較不會錯亂。

一致性的應對首先要從內外一致開始做起，莫要傳遞雙重訊息，自己創造了模糊的立場，這樣會讓聽者無所適從。在職場上主管訂立規則尤其是如此，倘若自己無法以身作則，卻經常要求下屬做到自己訂下的規則，久了之後當然很多員工就會不知道主管真正的意思為何。

當然，我們表達時如果只強調自己的感受，那不是一致性的表達。相反的，那很有可能只是一種情緒勒索。所以在表達自我感受時，盡量展現出自我負責的語態，而不是將自己的情緒怪罪到他人身上，或希望他人為我的情緒負責。

舉例來說，當同事之間因某些觀點上的不同有了爭執，A同事如果對B同事說：「都是你把工作丟給我，自己都不做，我才這麼生氣。」「你的話讓我很生氣。」「我看到你遲到就有氣。」這類的話語雖然表面上聽起來是在反映A同事的內在狀態，但其實是希望「B同事為我的生氣負責」，這樣的表達並不是一致性的展現，而是趨向於指責。

當內在有了衝擊，我們可以先試著深呼吸一下，去覺察我們的那個衝擊是什麼，一旦能夠辨識，就可以利用SAGE的方法來靠近自己，接下來就是表達了。

依照前文的例子，A同事可以用和緩的語氣這樣表達：「B同事，你今天進來開會時，晚到了半小時，我看到自己工作繁忙需要更多時間完成，那個時候心裡升起生氣的感覺。我其實想和你聊聊開會的規則。B同事，我這樣說你會介意嗎？」

在這個表達裡，首先自身的姿勢與講話的語態相當重要。

艾美．柯蒂（Amy Cuddy）在《姿勢決定你是誰》（*Presence*）一書裡提到「展現最佳狀態」背後的心理素質。在溝通或在講臺上簡報時，我們以為好的溝通或取得優勢的關鍵在於講者的頭銜或簡報內容，但其實在於這些特點：自信、自在度，以及強烈熱忱。

強烈的熱忱可以引申為一個人對目標的一種想望，為此散發出來的氣場。

從這裡可以知道，除了語言本身，非語言訊息（姿態和語態）傳遞的效果也同樣重要。在說話時身體保持輕鬆，雙手自然下垂，盡量不要雙手環胸或是扠腰，抬頭挺胸直視前方，與人保持適當的眼神交流。聲音盡量往胸腔以下沉澱，注意語速不要太快或音頻高亢，在講話時可以練習覺察自己的聲音是否會因為內在感受有所變化，如果語速太快或聲調高亢，可以先做一個深呼吸，有覺知的慢慢調整到和諧狀態。

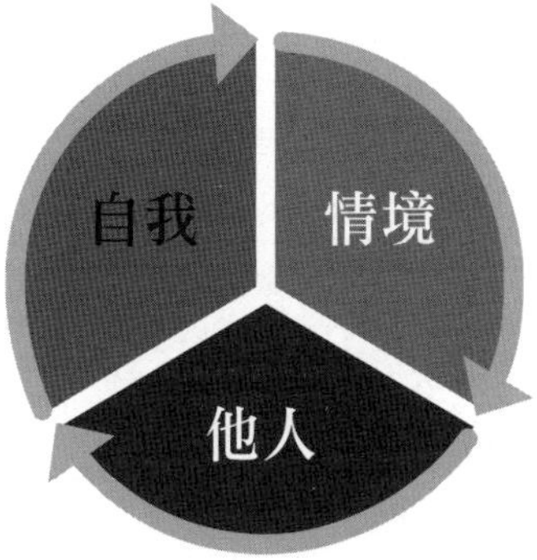

一致性需要兼顧的三要素

在語言部分，我們可以表達自己的感受，也可以表達自己的看法（觀點）和期待，但傳遞這些訊息的背後用意都是為了要連結彼此，進而進入到他人的內在，觸及渴望。因此，在表達自我之後，不要忘了還要關照他人，了解他人的內在，並且在乎彼此的關係與情境。在乎情境、表達自我、關照他人三位一體，這三者都能夠兼具了，才比較能展現出一致性的表達。

後續我們探討溝通案例時，會以「在、表、關」這三個要素做為基本的對話框架。

在乎情境

所謂的在乎情境基本上就是我們的目標、意向和大方向脈絡。

傳統薩提爾模式裡的「情境」多指彼此之間的關係與相處的環境是否產生了問題，該如何共同面對與解決。我在這裡將之簡化為在乎彼此共同的目標，建構一個關係的橋梁，以方便讀者理解與操作。

人與人的相處從意念上就決定了彼此的關係。

曾經有朋友問我，怎麼樣才能和主管好好說話，不要讓他這麼會碎碎唸。主管每次唸叨的內容千篇一律，雖然他知道主管的出發點是為了他和部門同事好，但是我這個朋友每次看到主管出現就敬而遠之，最好連見面都避免掉比較不會尷尬，無奈他們在同一個辦公室裡又不可能不見面。

通常這樣的問題，還沒學過對話的人可能會給如下的建議：

1 你就不用管主管說什麼啊！當耳邊風就好，左耳進、右耳出。

2 請部門裡會說話的人去和主管談就好，你不用理會。

3 請主管講話直接點，問他想要什麼，照做就好了。

想學對話的人也可以想想，面對這個問題，回應的起手式可以怎麼問？

對於量子物理有一點了解的人會知道，我們所有潛在的經驗都是以電磁信號的形式存在於量子場域中。新的意識介入後，我們就會用不同的觀察者狀態來改變這個量子場域。

如果我們想要改變現實的某些方面，就必須用新的方式思考，用新的方式來感受並付諸行動。想要成為不同的人，意識必須開始做出改變，讓圍繞著我們的電磁信號慢慢聚焦，往意識建構的方向流動，進而現實環境會漸漸改變，創造一個新的可能，這也就是「意識決定這個世界長什麼樣子」的道理。

從 A 走到 B，你必須先要有這個念頭。如果連這個意念都會動搖，你要走到 B 的可能性就會變得相對低了。

簡而言之，我們的意念可以改變所處的現實環境，這也是詹姆斯・克利爾（James Clear）在《原子習慣》（*Atomic Habits*）一書裡提到，達到目標的最好方法並非針對目標去修正方法，而是針對「我想成為怎樣的一個人」，以確認身分「Identity」的方式來達成是最有效的。這個身分確認就是確立了最基本的意向，也就是「情境」。

我如果出生時周遭眾人認定我是皇族，按照皇族規格養育，強化我是一位皇族的信念，我的外在舉止就更容易顯現皇族該有的樣貌。

應用在對話裡，我們很快就可以從「意念」決定一個人是否能達到想要的目標。

某日，工作坊的學員小欣來找我，談到她和先生的關係已經頗為疏離，過去先生在美國工作時，留下小欣自己在臺灣帶孩子，當時因為孩子還小，她都和孩子同房陪睡。不過先生最近將工作重心挪回臺灣，她仍然維持原本的習慣，和孩子同睡，先生自己在主臥房睡。

小欣說，先生抱怨她怎麼不回房一起睡，現在孩子大了應該有自己的空間。

「老師，我應該回房間去和先生一起睡嗎？」小欣很謹慎的提出問題。

我不知道小欣期待我怎樣的回答，猜想她自己頗為糾結。

「你現在和先生沒有同房睡是嗎？」我問。

「對，我習慣和孩子睡。」

「你想和先生同房睡嗎？」我把小欣的問題再丟回去給她。

「我應該回去和他睡，對不對？」小欣面有難色想從我這裡得到一點答案。

我一樣沒有給她任何肯定或否定的蛛絲馬跡。

「小欣，你想和先生連結嗎？」我換一個方式好奇的問她。

「沒有很想，但為了孩子，我是不是應該和先生連結，做一些妥協？」小欣不知道是不是在回應我，她聲音壓低，彷彿在和自己說話。

我聽到這裡，對於小欣和丈夫的關係有了一個大膽的假設，所以我單刀直入問了小欣：「你愛你先生嗎？」

這句話像是一面鏡子，讓小欣清楚看到自己的處境。

「我不知道耶！老師，為了孩子，我是不是應該要愛我先生？」

我看著小欣，明白她為了孩子，寧願自己偽裝或委屈，也要維持一個家庭和諧的假象，但這個假象要維持談何容易，更何況，孩子能從父母的語言訊息與非語言訊息就能察覺一切異狀。

「怎麼說『應該』呢？」我再度好奇的問小欣。如果不愛了，是什麼原因要委屈自己，而這樣的委屈真能求全嗎？委屈又能持續多久呢？

小欣掩面不語。

好的親子互動實則來自於和諧的伴侶關係，倘若不能維持和諧的婚姻關係，那麼至少維持和諧的「離婚」關係，對孩子仍是比較好的選擇。

透過對話，小欣看到了自己因為對伴侶的愛已經抹滅殆盡，剩下的僅是表面上的義務，以及為了孩子所做的犧牲，她就知道自己原本的問題「我應該回房間去和先生一起睡嗎？」是一個假議題，真正的關鍵在於夫妻之間是否還有愛的連結。

在這裡，我們看到「意念」就是一個在前方必須到達的目標，這也就是情境。假設一個人的意念薄弱，或是換言之，他根本不在乎這個情境了，我們之間的談話就失去了連結的橋梁，要和他討論怎麼達到目標，根本是緣木求魚，我們也會陷在無止境的迴圈裡找不到出路。

小欣對先生沒有愛，當然不會想與他同房而寢，所以她的提問根本不需要我回答，只要點出她關鍵的「意念」，她就明白癥結點在哪。

在對話裡，我把「情境」做為第一個確認的方向，倘若沒有了這個情境，所有的對話就會變得沒有意義。

在知道「在乎情境」是一個對話的「定錨」之後，回到前文「和主管好好說話」的例子來看，我們的回應就會變得很簡單了。

我問朋友：「你想和你的主管有好的連結嗎？」

朋友聽到這句話，直覺式的回應是：「我才不要，我沒有想和他有太多的連結。」

「你不想和主管有好的連結，試問，那你要怎麼與主管好好說話？」這是我接下來的提問。

「對耶，這是個好問題。」朋友回應。

其實，這是朋友一開始的問題，我只是在確認他是否「在乎情境」，一個對目標都不清晰的人，怎麼可能還會在過程中努力，一個對方向都摸不清的人，怎麼可能知道要準備哪種工具上路。我毋須給予任何的建議，只要透過好奇的提問，讓他自己打開覺知，找出他要的目標與方向即可，剩下的，應該也不會是太大的困難。

你如果聽到朋友的問題，只顧著要幫對方「解決問題」，那就是陷入剛剛說的無限迴圈，朋友也不會「有感」。落入各說各話、無關痛癢的打屁瞎扯，這樣的談話，也起不了太大作用。

表達自我

莉芳來到工作坊的教室裡，一襲輕鬆俐落的打扮，頭頂架著墨鏡，耳垂掛著小耳環，臉部線條堅毅，穿著合身的牛仔褲搭配白襯衫，年紀大約三十五歲。見到她時，我腦中很快想起安．海瑟薇（Anne Hathaway）在電影「穿著 Prada 的惡魔」（*The Devil Wears Prada*）裡的造型。

下課休息時，莉芳跑來找我。

「老師，你的工作經歷這麼長，有開除過員工嗎？」莉芳問。

「有的，不過你想問的是？」

「哦，我想問老師，要怎麼開除員工，還能保有良好的關係？」

「你想知道，開除員工後，員工與公司還能保有好關係，還是你想和被開除的員工保持好關係？」我想要釐清。

「我想知道，我如何和被開除的員工保持好關係。」

「你開除過員工嗎？」我好奇。

「有的。」

「在你開除過的員工裡，你最想和誰保持良好的關係？」我補上一句提問。

我並沒有直接回應莉芳一開始的問題，因為我腦子裡有個假設，莉芳要不是開除過別人，要不就是被別人開除過，不管哪種情況，都可能涉及到友情是否能夠持續的問題，否則她的這個發問就會毫無來由。既然她會這麼問，表示她可能在意和某位同事之間的友誼，我如果只是單純回覆答案，對她來說太過籠統，而且毫無幫助。

我的提問要確認莉芳的目標，至少要看見她想要走的方向，才可以從這裡面找到她最需要的資源，這是在問話時的「在乎情境」。

莉芳在我問這句話時眼眶微紅，眼睛直直看著我，似乎沒想到我這麼直接。

「我念書時就認識的一位好朋友。」莉芳回答。

「發生什麼事了嗎？」我問。

莉芳娓娓道來：「好幾年前，我的朋友在一家外商公司服務，她告訴我公司缺人，也鼓勵我加入他們公司。我看到公司的待遇和福利都不錯，職位也很吸引我，於是就大膽應徵。

「我被錄取了，當時這位閨蜜也很開心我們都可以在這家公司上班。不過後來我因為工作表現不錯就升官了，朋友變成是我的下屬。那時候開始，我覺得我們的關係就有一點怪怪的，她和我之間變得沒有那麼熱絡。

「公司前一陣子因為業績持續下滑，決定要做大規模裁員，我們部門也被迫要裁掉部分員工。我評估出哪些人需要被裁掉，哪些人要留下，我將名單呈交上去，裁掉的名單裡面就包含我的閨蜜。

「當時我也很掙扎，也不知道要怎麼說。公司氣氛一片低迷，很多人知道自己飯碗不保，我也只能做出對公司比較適合的方案，我自己的去留也由上級決定，自己無法掌控。

「當公司做出裁員決定，是人力資源部門去談的。我朋友被資遣時，我看她心情低落，我也很難過。從那個時候開始，我們就沒講過話了。」

莉芳說到這裡，眼中的淚水忍不住一滴一滴滑落在白色襯衫上。

「莉芳，你決定把朋友名字放進裁員名單裡的原因是什麼？」我聽完提出問題。

「我認為是做出對公司最好的決定，當時我只能保留一個人，所以無法面面俱到，留下的那個人我覺得是最適合部門需求的。」莉芳說。

「所以是公平、合理的決定，是嗎？」我問。

「對，我覺得是。」

「當時決定把朋友放進裁員名單裡，你有什麼感覺？」我問。

我先從背景脈絡裡了解莉芳的想法，接著問到她的感受。

「我覺得難過，也覺得痛苦，還有一點內疚。」莉芳回答。

我引導莉芳先熟悉這些情緒，讓自己先能看見內在的發生，而不是先將大腦放入舊有的軌道裡，不斷想著怎麼解決問題或怎麼鞭策自己。

愛因斯坦（Albert Einstein）說過，同一個意識層次製造出來的問題，無法在同一個層次裡解決。很多人會不斷思考、回想怎麼會掉進這個問題，以為一直思考就能想出解決辦法，不過經常事與願違。

「說說你的內疚吧！」我挑了一個感受，用來貼近莉芳的內在。

「我覺得自己背叛了朋友。當初會進來公司，也是因為她的關係，她開心的看見我也加入同一個公司，還在同部門工作，結果我竟然會做出這樣的決定。」

莉芳止不住的淚水，訴說自己內在的窘迫，身體也不停抽搐。

「莉芳，你是故意要讓朋友離職的嗎？我的意思是，如果公司不裁員，你會提出讓朋友離開的決定嗎？」

「當然不會，對於公司裁員，我也是無能為力。」

「既然是被迫的決定，你的內疚從何而來？」

「我不知道，總覺得自己還可以做點什麼，現在她離開了，好像我們的友情就在那裡終結了。」

事件過去了，但人仍然停留在過去，並沒有處在當下，所以過去的事件不斷糾纏自己。大多數的人都會以自我懲罰的方式，對自己說出一套故事，把自己禁錮在過去的牢籠裡。

「閨蜜被裁員時，你有告訴她你的心情和想法嗎？」我問。

「沒有。」

「怎麼會沒有？」

「因為我不知道要說什麼，我也怕她看我的眼光。」

我停了一下，在這裡讓靜默偷偷進來幾秒鐘。

「你可以表達你自己嗎？」我接著說。

「很難耶，我不知道怎麼說。」莉芳說。

「你想跟你朋友說嗎？」我問。

「我會害怕，不知道說了會怎樣。」莉芳回。

「莉芳，你想嗎？」我強化這個意象。

「會想，但擔心說了以後會變得更差。」

可以想見，莉芳被擔心與害怕阻攔了這個意願。但現在我看見的是莉芳想找一個出口，能和她朋友談一談，就算兩個人談的結果無法改變裁員的事實，但至少莉芳的坦誠可以讓她從故事裡解脫。

「莉芳，我只問你是否想要，做不做得到是另外一回事。我再跟你確認一次，你想要和你朋友說嗎？把你的心情與想法表達出來。只要你想，我們就來找方法，我們就有目標。但如果你不想，我們這個目標就不成立了。」

我在這裡不斷強化這個「想要」的目標，做為她與朋友之間連結所需的意向。有了方向，才能想出辦法，沒有這個意象，其餘也不需要多談了。

「我想。」莉芳很堅定的回答。

「既然你想，我們接下來就來看看怎麼表達才合適，可以嗎？」

莉芳在這裡確定了她的想法，也大大舒緩了原本積壓在心裡的情緒。

有了目標，接下來就是表達，我透過強化意象的方式，讓莉芳找到一個出口，與其在大腦裡不斷鞭打自己，不如跳出原本的框架，和朋友當面溝通。當然，溝通時可能會面臨很多挫敗，我們可以在挫敗的情緒上貼近自己，接受自己做得不好，如此就能跨出溝通的那一步。

在乎情境之後就是表達自我。沒有表達，自然就沒有溝通。確立了表達的目標之後，我們可以大膽說出內在的感受、觀點與期待，當然還是要能夠表達自己的渴望，在渴望的層次彼此有所連結。

有時候純粹表達自我會顯得自私、自大或目無他人，所以溝通時不光表達自己這麼簡單，還要能時刻關照他人，才能做出一致性的溝通。接下來，我們會談到何謂關照他人。

關照他人

某次長耳兔團隊到外地舉辦工作坊，場地通透明亮，陽光可以直接灑落教室裡，現場點著芳香精油，給人特別溫馨的氛圍。

到了下午之後，西曬比較嚴重，陽光斜射直接穿透玻璃，光線刺得有些學員無法專心上課。現場的工作人員看見學員們因陽光顯得不適，立刻跑到窗邊，把大面窗的窗簾拉下了一半，只保留下方一些空間透光。

休息時間，課堂裡的學員莎莎跑去和現場的夥伴談話。

「是誰說要把窗簾拉下來的？」莎莎質問現場同事。

「怎麼了嗎？」同事很快的回應。

「原本教室裡光線那麼充足，你們拉下窗簾就變得很暗，這樣我非常不舒服。」莎莎抗議。

「哦，可是因為西曬陽光太強，有些上課的學員會覺得刺眼，所以我們才會拉下窗簾。」同事解釋。

「有些人覺得刺眼你們就拉窗簾，那我覺得太暗呢？」

「我們還是有留一點空間，沒有全部拉下來。」

「那沒有用呀！還是很暗。你們去把窗簾拉上去，讓光線進來。」莎莎堅持。

「可是有人覺得太刺眼，沒辦法上課啊！你可以幫其他人考慮一下嗎？」同事試圖解釋。

「幫其他人考慮？你怎麼不幫我考慮？我說要光線進來，這麼簡單的事，你竟然叫我幫別人考慮，我的訴求誰來考慮？」莎莎提高了音量，只差沒有出口罵人。

同事不斷安撫莎莎，一直向她解釋，西曬很快就過去了，忍耐一下就好，但不論怎麼說，莎莎都聽不進去。

「去叫你老闆來！」莎莎的不滿一觸即發。

當時我聽到莎莎和同事之間的爭執，主動走上前關心。

「發生什麼事嗎？」我趨前詢問。

同事一臉無奈，簡單對我說了一下莎莎的訴求。

「莎莎，你希望把窗簾拉上去，是嗎？」我問。

「對，誰叫你們把窗簾拉下來的？」莎莎說。

「嗯，同事怕上課的夥伴們刺眼，主動去拉窗簾的。」

「怕刺眼，那怎麼不怕太暗？我就覺得太暗。」莎莎仍然很大聲。

「莎莎，你怕太暗呀？」我做出核對。

「對啊，原本有陽光的，現在沒有了，我不喜歡這樣。」莎莎說。

「你在沒有陽光照射的環境會不舒服，是嗎？」我好奇。

「對，很、不、舒、服！」

「嗯，原來是這樣，我明白了。看起來陽光對你來說很重要。」我說。

「莎莎，我先思考一下該怎麼做，因為陽光刺眼有的人很受不了，但拉下窗簾你又會不舒服，這確實很兩難，我感覺到這件事的棘手。」

我對莎莎表達出我的困難，也告訴她我需要想一下，看看這件事該怎麼做才能讓多數人接受。

我說到這裡沉吟了一下。

「要不這樣，等一下進教室上課時，我請同事向學員說明一下，順便投票決定是否拉下窗簾。如果大家決定不拉下窗簾，我們再請覺得刺眼的學員調換座位，你看這樣如何？會不會讓你仍然覺得不舒服？」

我說出做法後，也試圖照顧一下莎莎的感受，讓她知道我很在乎她。

「這樣很好，至少不是少數人說了算。」莎莎點點頭。

「好，謝謝你的理解，我也知道你很在乎陽光。」我再重複一次對莎莎的肯定。

「沒問題，果然還是老闆厲害。」莎莎也回報一個肯定給我。

在這段簡短的對話裡，我上前關心莎莎的狀態就是一個「在乎情境」的做法，並且願意和莎莎靠近。因為關注學員就是我想達到的目標，簡言之就是「我想要做或我應該做的事」，這就是所謂的「情境」。

聆聽她的需求後，也試圖從感受去同理她，讓她知道她的不舒服有人會關注，在情緒這一層次一旦有人看見、承接，就會釋出一大半了。

在說完我的做法後，還不忘記得多一句「會不會讓你仍然覺得不舒服」來再次照顧她的感受，她當然會再次被關照、同理。

表達自我有時是表達自己的感受，有時表達觀點，有時表達期待，但切記光是這些還不足以構成一致性，要能在對話的同時，留意對方的感受，拋出「關照」的語句，這會讓人和你處在同一個理解層次裡，爭端就會減少很多。

在乎情境、表達自己、關照他人，這三個要素在溝通時缺一不可。若能反覆做到「在、表、關」這三個動作，再加上時刻回應自己內在，也接納外在事件給我們帶來的衝擊，在對話上將會更得心應手。

很多時候我們都忙於解釋，想要拿規則出來以理服人，這些都只是表達自己的期待，無法真正貼近別人的內在，唯有把目標設定在「關心一個人」而非「在乎一件事的對錯」，我們才有可能慢慢接近他人，一起面對彼此之間的差異。

服務業很多時候會遇到形形色色的客戶，像是餐飲業碰到很堅持的客人，經常腦子裡很快就會有一個「他是奧客」的念頭，腦海裡只想打發客人，而非試圖去同理，這樣就很難避免彼此的爭端。

後來我在課堂裡徵求大家的意見，多數人不介意陽光短時間照射，所以我們也就順應民意將窗簾往上拉，同時我也感謝莎莎的建議，若不是她提醒，我們還主觀的認定以為多數人都不喜歡西曬，浪費了美好的光線呢！

「在、表、關」讓彼此更靠近

在談到溝通的一致性包含在乎情境、表達自我、關照他人之後，我們可以經常在對話裡，甚至在業務拓展裡，運用這三個要素，幫助自己與客戶站在同樣的場域裡，彼此理解。

我在海外工作的那幾年，面臨到業務拓展的瓶頸，我知道客戶身上應該能爭取到預算，但要怎麼說服總公司撥預算下來是一件難事。

成渝是我當時的客戶，一向對我的公司採取嚴格要求，當然很多客戶都會如此，比較不一樣的是，成渝看重的是數據上的結果，講太多人情反而會讓他覺得我們這樣的公司不專業。

我們公司從事的是資訊服務產業，當時我負責籌組一支軟體本地化測試團隊，而成渝是智慧型手機大廠在中國大陸的開發與測試負責人，他手上每年的預算超過數千萬美元，所有手機測試廠商莫不希望能從他手上分到一杯羹。

其實我加入北京的公司之前，老闆就明確點出希望我加入之後的目標是第一年二百萬美元的業績，他認為我們可以幫助客戶成渝把一些測試的預算從海外總公司爭取到北京來。在我加入公司之前，成渝曾經跟我老闆提到本地化測試的可能性，他希望本地化測試能在他手上做大、做強，不過這個業務向來都是歐洲總公司直接負責。成渝也希望他的供應商能有一個有能力的人幫他做規劃，他拿著我們提出的解決方案就可以向總部爭取預算。

話雖如此，很難有人真的能打動客戶的歐洲總部。

成渝在北京的團隊大部分負責的是智慧型手機功能性測試，舉凡手機出廠前的系統測試、功能測試、壓力測試及手機推出到市場之後的更新測試、修復性測試等都涵蓋，唯獨語言測試這一區塊他的團隊做的很少，如果能得到強而有力的外包商支持，他就有本錢向總公司證明他可以在中國大陸把這個測試項目做起來。成渝的預算與運用的團隊愈大，就會是他將來更上一層樓的「能力證明」。

然而，全面性的語言測試是相當龐大的計畫。先不說每年要耗費幾百萬美元預算找人來做測試，光要找到能力可以覆蓋近百種語言的團隊就是一件不可能的任務。

成渝對初來乍到的我還算客氣，也可能當時北京還沒那麼多臺灣人在我所處的產業裡，基於新鮮感以及臺灣人的神祕感，成渝並沒有太刁難我。但隨著時間推移，我肩負的業績目標愈來愈沉重，必須盡快找到突破口。

我在一次的會議上問成渝，怎樣才能拿到他們公司的本地化項目，讓成渝把手上負責測試的智慧型手機都拿來做語言測試？

「Charles，你剛來不懂，語言測試這塊一直都是歐洲總部在主導的。雖然我也想做，但是沒辦法說服總部把這個部分挪到中國大陸。」成渝笑了笑。

「成渝，我知道這是貴公司總部負責的項目，但我聽說你也想爭取在中國大陸做本地化測試，你是怎麼想的？」我想要核對成渝的想法，知道到底是什麼原因讓他覺得可行。

「我們雖然只有做功能性測試，但國內的測試工程師也反映了很多次本地化 bug（程式錯誤），有些是翻譯做得不好，有些是介面不相容，問題也不少。我想如果這一塊北京的團隊可以一起做，會少掉很多困擾。現在工程師光呈報功能性 bug 已經夠忙了，還要管軟體本地化的 bug。」成渝考慮的出發點在於至少要解決目前測試工程師工作量負荷過大的問題。

「成渝，其實你知道我想做的不只是這樣，我看到了更大的可能性。我想做的是建立全球最大的語言測試團隊，就在北京。

「這個團隊不但可以為我們公司所用，發展全面性的本地化測試業務，還可以幫你們把測試做到更廣、更深的地步。

「本地化測試業務在歐洲的管理之下是分散式作業，所有測試工程師都分散在世界各地，除了溝通效率不彰，成本也相當驚人。我相信我打造的團隊至少可以節省一半成本，溝通效率更可以提高數倍。

「我看到你管理的這個團隊相當重視效率，我認為可以幫助你打造一個前所未有的本地化團隊，讓你可以爭取更大的整體預算以及更有利的位置。這不僅僅是為了貴公司，我希望將來你也能把這個業務做為你的 credit（功勞），我覺得你應該可以更上層樓。

「成渝，我希望你幫助我，讓我來幫你。」說到這裡，我突然想到湯姆·克魯斯（Tom Cruise）在電影「征服情海」（*Jerry Maguire*）裡的臺詞：「Help me help you.」

（請幫助我，讓我來幫你。）

成渝聽了我的訴求後，停頓了一會，若有所思的說：「我怎麼幫你？」

我知道這個提案打動了成渝，當時我不知道其實這些話除了勾勒出我的願景，也肯定了成渝的價值，而自我價值實則在冰山下頭渴望的層次，這是最重要的一環。

「我需要一個 pilot run（試驗性項目）。」我壓低了聲音，用肯定的語句對他說。

我停了一會兒繼續說道：「我會準備一個完整的提案，如果可以，我也希望能對你們歐洲總部負責人做一次簡報，讓你可以完整把這個想法呈現在他們面前，讓他們知道這是你積極想要爭取的決心。」

成渝沉思了一會說：「這個沒問題，但我希望你能準備充分。在給歐洲同事做簡報前，先能說服我，告訴我這樣可以幫公司省下多少錢，前期準備需要多少的時間、測試的品質如何評估、如何確保安全性等。」

有了成渝的背書，我後來向他提出一個籌組計畫，而且計畫初期我們就已經開始執行，代表我們公司願意在這個領域投入的積極度和決心。我認為「積極參與」向來都是最強大的訊息，這是一個「非語言訊息」，從自身的動作就展現高度信心，客戶自然比較容易感到安心。

之後，除了在北京頻繁與歐洲客戶開會，我也數次飛到歐洲客戶總部爭取認同。為了業務發展而籌組的這個外國語測試團隊後來得到相當驚人的成績，我們總共找了超過一千人、對應上百種語言的外語人士來擔任測試工程師。很多時候，我們辦公室裡坐滿各式各樣的老外面孔，每個人用英文或些許中文交談，這個場景到哪都不容易見到。

這樣的團隊後來也變成我們拓展其他客戶的最大利器，當然也給足了成渝面子，讓他順利每年向總部申請好幾百萬美元進行本地化測試。當然，這些預算也都變成我的業績來源。我們順利讓歐洲總部放手把語言測試完全挪到中國大陸來執行，而成渝負責的測試團隊與預算也不斷擴增，他在公司的地位當然也是。

在前文爭取業績的案例裡，首先我在乎的是公司的業績如何達標，以及客戶關係如何變得更穩固，因此我很坦白的告訴成渝，我想為了這個目標做點不一樣的事。

緊接著，我表達了自己的看法，告訴客戶一個可行的架構，在這個架構裡，我們可能共同實現一個目標，當然這個目標也包含了客戶在這裡面的關鍵因素，就是我們可以一起向他的總公司爭取新的業務以北京為基地。

第三個則是照顧客戶的感受，告訴他這一切都會變成他的成績，除了幫助我拿到新業績，也能幫助他地位更加穩固。

後來回想起來，我在與成渝互動時頗為符合薩提爾模式談到的一致性應對姿態。由此可見，在溝通時，我們若能時時注意「在、表、關」，很多時候可以和客戶一同站在一個平臺上，彼此也能更靠近。

5

對話，從開門到關門

說出想要的目標，創造有力量的談話

溝通始於傾聽

我曾經看過一部卡通短片。

阿尼有天走進教室想找伯恩聊天，叫了他幾聲後，發現伯恩一點回應都沒有。阿尼定睛一看，原來伯恩耳朵裡插了一根香蕉。

於是阿尼拍了拍伯恩的肩膀，示意要和他說話。阿尼提醒伯恩：「伯恩，我要和你說話，但你耳朵插著香蕉呢！」

伯恩看著阿尼，渾然不知他在說什麼，回應道：「你說啥？」

「你耳朵插著香蕉啦！」伯恩繼續說道。

「啥？」

「你、耳、朵、插、著、香、蕉！」阿尼大聲說道。

這時伯恩對阿尼說：「你等等，我聽不到你說的，我耳朵插著香蕉呢！」順勢把香蕉拔了出來。

這是一個搞笑的情境，但我們可以知道，人跟人溝通首要就是懂得如何傾聽。我們許多時候忘了傾聽他人，無疑就像是耳朵插了香蕉，任憑對方再怎麼口沫橫飛、滔滔不絕，但卻沒有聽進任何聲音，反倒急著幫對方找答案，根本無助於溝通。

敘事治療的創始者麥克·懷特（Michael White）認為，人往往會因為一起事件糾纏於心久久無法釋懷，只有透過講述自己的故事，讓生命力在故事裡流動，才能疏通內在的積淤。

陳述、敘事的方式本身就會給當事人帶來療癒的效果。當然最根本的方法就是有人能專注的傾聽，如此才能使當事人有效宣洩那個問題纏繞的故事及情緒。敘述可以帶來療癒的效果，而藉由傾聽，才有可能開始讓人進行敘述。

某天早晨，有位媽媽寫了私訊到長耳兔心靈維度粉絲專頁。她說昨晚幾乎沒闔眼，因為大二的兒子半夜來向她告別，說要去跳樓。

媽媽大驚，急忙問兒子：「怎麼了嗎？你千萬不要做傻事呀，有什麼事都可以跟媽媽說。」

兒子說：「說有什麼用嗎？我都說很多次了，我不想讀書了，你們哪一次聽了，還不是都叫我堅持下去。我說有用嗎？你們有聽嗎？」

兒子過去好幾次都提到不想念書，而做媽媽的只是基於自己的觀點，不斷勸導兒子，希望他打消輟學念頭，忽略了打開耳朵傾聽兒子、探索兒子內在糾結的機會。

記得在溝通時，聽到對方的困難先別急著給建議或你自己的答案，多聽聽對方的想法和感受，才有可能開啟對話之路。

積極傾聽

當我們覺知了利用傾聽才可以打開溝通之門，如何有效傾聽就是可以不斷練習的方法了。

首先，做為傾聽者必須要在全神專注的狀態下關注對方，避免陷入第三章所提到的「打岔」這個不健康的應對姿態。當我們看著電視、滑著手機、手裡拿著鍋鏟或心有旁驚做著別的事情，這些時候都不是傾聽的好時機。

放下手邊的事物，兩眼直視敘述者，當對方站著，聆聽者最好站著並與敘述者保持兩眼平視的高度。敘述者若是坐著，聆聽者最好也是坐著，並與敘述者面對面平視。當然依照現場狀況可以做一點微調，例如敘述者若是幼童，他雖然站著，但是高度偏低，這時候聆聽者就可以採取蹲姿，讓自己與孩子等高，這樣的姿勢也代表「我願意與你平等」的態度，想要透過聆聽來理解對方。

第二，做為聆聽者，除了眼睛與對方處於平行狀態很重要，身體四肢的擺放也很重要。站著時，聆聽者雙手最好自然下垂，避免雙手環胸或扠腰，這些姿態除了顯露內在焦慮，對敘述者也多了一層隔閡。若雙方都坐著，盡量避免翹二郎腿，或兩人之間還有其他阻隔物，這都是妨礙溝通的有形障礙。

第三，回映對方談話，重點式摘要敘述者的語句。例如第四章的例子，我整理了莎莎不舒服的重點，回應她：「你在沒有陽光照射的環境會不舒服，是嗎？」就是總結我的認知，透過問句的方式和對方核對，代表我認真聽到你的訊息，也試圖整理與理解你想要傳遞的。

第四，聆聽的過程中，盡量避免個人的主觀解讀，讓敘述者可以完整陳述想表達的故事，在不清楚的地方加以核對即可。如此一來，傾聽會變成是一種同理姿態，我們和敘述者會變得更靠近一些。以前文兒子和媽媽告別的例子來看，如果孩子有一天來對你說：「我不想念書了。」你可以回應：「怎麼了嗎？發生什麼事了？」「你什麼時候開始不想上學的？當時怎麼了？」千萬不要以自己的立場或看法來給予孩子建議，多聽聽他的遭遇、他上學的內在狀態、他的期待與想法，好奇他未來要怎麼辦。把自己的想法留到最後和孩子一起討論，親子雙方才有信任的基礎。

核對與回映

二〇〇八年，有一家公司想挖角我到北京工作，負責手機軟體本地化業務，當時透過電話口試，我的主管問了幾個問題，並讓我用英文自我介紹。當時他問了一個很關鍵的問題：「如果我們無法達成客戶的要求，該怎麼處理？」

我回答：「溝通，不斷的溝通。」

當時北京的主管聽了頗為滿意，也認為只有不斷和客戶溝通，才能達到共同目標，獲得雙贏。

其實對於溝通，當時的我仍抱持著想要「說服」對方的想法，忽略了多傾聽、多核對的工作。

一般而言，在傾聽的時候，我們利用核對可以做到上述「積極傾聽」的動作，但除了核對，我們可以善用「回映」的技巧。所謂的「回映」，是指在對話時多聽取對方發出來的信息，在大腦裡經過一番咀嚼與統整，最後再將訊息返回到當事人，重複敘述自己的認知是否與對方表達的相符。

過去我在北京工作的時候，為了籌組龐大的小語種測試團隊，特別請招聘經理做出一個計畫，分別在不同的資源管道找尋各種不同母語的外國人士，定期向我回報招聘的情況。

這個籌組計畫最困難之處在於，我們怎麼在北京找到近百種不同語言的人來幫忙做測試工作。找尋外語人才資源本身就很困難，如果你不是在這一行，不會知道原來一個產品要國際化需要投入這麼多的人力、物力。一支手機的介面原本以英文編寫，接著翻譯成世界各國、各地區的語言販賣，翻譯過後要能順利的在手機上運行，需要經過相當嚴密、一串又一串的測試流程，這就是我們的工作。

想像你買到的手機是中文介面，但在中國大陸就需要用簡體中文，在香港、澳門地區需要用當地的繁體中文，而在臺灣雖然也是繁體中文，但使用習慣還是與港、澳略有差異。同樣是中文就必須顧慮到區域不同、語言習慣不同得分開處理。其他像是法文也分成法國法文、加拿大法文甚至非洲法語區的用法，我們必須找到「native speaker」（母語使用者）才有辦法分辨當中差異，找到該地區的特殊用法。

尋找這麼多語言的母語使用者是相當困難的事，所幸我的團隊對找人很有辦法，除了在大大小小的論壇張貼徵人啟事，也到北京外國人出入的地方貼傳單。聯繫我們的人不少，很短的時間內，我們就建立了各式語種人才資料庫，其中許多外國人是來北京念書的學生，有一些是來旅遊之後留下來找機會的，也有平日有正職工作，下班或週末兼差的。

每位外籍人士都會經過一些基本測驗，當然我也會參與面試，尤其是一些稀缺語種，我們願意提供正職工作機會的，我都會親自面試。

上百種語言種類，每種語言至少都需要三位以上的母語使用者，可以想見溝通管理的工作量有多龐大。

當年我團隊裡的外語資源經理小燕告訴我，需要我面試一個會講 Farsi 語言的外國人。Farsi 是伊朗波斯語的一種，與其他阿拉伯語系有區別。這個語言的資源在北京相當稀少，想找到人來幫我們做測試工作實屬不易，因此小燕希望我面試後能留下對方以正職員工聘用。在這麼多暫時居住北京或短暫旅遊的外國人裡，其實不見得每個英文程度都很好，更別說他們的中文程度了。語言溝通能力也是我們評鑑的標準之一，倘若這些外語測試人員不能與我們的工程師互相溝通，那麼測試工作肯定沒辦法順利進行。

來面試的伊朗人卡夫膚色黝黑，頭髮很短，看起來幹練。他走進我辦公室時，身上噴了不少古龍水。我請他簡單自我介紹，接著開始提問。老實說，他的英文頗為蹩腳，除了有很多文法錯誤，腔調太重也讓我聽不太懂。

「How long have you been here in Beijing?」（你來北京多久了？）我問道。

「Just a few weeks.」（就幾週而已。）他簡短回應。

「What are you here for?」（你到北京的目的是什麼呢？）我想知道他是短期旅遊還是打算來北京長住。

「I just travelled from my country Iran, and I am a terrorist.」（我剛從我的國家伊朗旅行過來，我是個恐怖分子。）他一派輕鬆的說。濃重的口音讓人摸不著頭緒。

「A terrorist?」（恐怖分子？）我瞪大眼睛看著他。

「Yeah, I am a terrorist.」（對，我是恐怖分子。）他很明確的回答。

我不敢相信所聽到的，霎時間心裡浮現好幾個想法。第一，恐怖分子來中國大陸要做什麼？難道攻擊美國和歐洲還不夠嗎？第二，如果是恐怖分子，為什麼要這麼大方的告訴我，難道有什麼「陽謀」？第三，恐怖分子幹嘛來我們這種公司應徵，難不成這是一種掩護？

正當我皺眉百思不得其解之際，卡夫開口說話了。

「Oh, no. I am a terrorist, not a terrorist, a tourist.」（喔，不是。我是恐怖分子，不是恐怖分子，是觀光客。）他講「tourist」這個字時，r的發音完全綁在一起，還發得比較長，我頓時明白了，原來他說自己是tourist（觀光客），而他的腔調讓我誤以為是terrorist（恐怖分子）。又或許，我自己當時心中對中東穆斯林有偏見，當他說這個字時，我竟然沒有細細去分辨與核對。

我看著他再度核對了一次。

「So you are a tourist, not a terrorist, right?」（所以你是觀光客，不是恐怖分子對吧？）我感覺自己臉上的線條放鬆了不少。

「Yeah, yeah. Tooooouurist.」（對、對、對。是觀……光客。）

我看著卡夫非常緊張的神情，同時也感受到自己身體突然輕鬆起來，兩人相視不由得大笑。

溝通技巧裡，「核對」是一個相當重要的元素。每個人生活經驗不同，來自不同地方、不同家庭，文化也會不同。

除了經常發生會錯意的情形，我們都習慣用自己的生活經驗解讀對方的意思。當我看到卡夫來自中東，聽到他英文表達有點障礙，自然而然對於他發音不精確的單字有了錯誤解讀。還好在對談的過程中，我做了適度的核對，若當時我馬上要他離開，然後報警處理，那麼這件事情就糗大了。

在對話裡，除了傾聽，核對與整合資訊後的「回映」都是讓我們彼此可以站在同一個平臺說話的重要工具。「回映」是指統整訊息後反覆與對方確認，而非單純「回應」他人而已。

我們因為教育背景和文化價值觀，往往會被腦袋裡的觀點框架了自己的思考，以為自己理解的都是對的，忽略多一層的核對與回映，除了有時候會鬧笑話，還可能造成雙方的誤解。

好奇的提問

以前所學的溝通技巧大多教人如何說服別人，也因此遇到彼此意見不同時，對話其實變了味，變成一種辯論。

大學時，我和幾位同學組成辯論團，參加辯論比賽時所向披靡，連辯論社的同學都被比了下去，這歸功於自小家庭的「薰陶」，家中兄妹個個能說善道，還能旁徵博引理論數據，互不相讓。不過這個辯論技巧並沒有為我的人際關係加分，只讓人對我有了「很會辯」的印象。

如果說靠近自我內在是對話的起始，貼近他人是終點，那麼好奇的提問就是媒介了。一個好的對話不會是自說自話，而是靠著好奇的提問來讓人有所覺察，開啟一個人的覺知。

首先，所謂的好奇是針對一個人生命力的本質而來，目的是為了更了解一個人發生了什麼事，這件事對他有什麼內在衝擊，這個衝擊是否抵觸他的觀點或期待，他在衝擊後做了哪些決定，困難與掙扎在哪。所以我們提問圍繞的點都是為了貼近一個人，而非去探人隱私、掰開一個人的傷疤。

沒有目標或最終無法令人觸及渴望的提問，就可以盡量避免。

如果朋友告訴你：「我失戀了。」你的回應若是：「你應該很習慣了吧？」「你交過上百個男友了吧？」「你是不是嫌這個男友家裡沒錢？」根本無助於貼近一個人的內在，那麼我們就需要避免類似的「八卦」提問，改由其他靠近人內在的問法來提問，如「你還好嗎，發生什麼事了？」「失戀了呀？很難過嗎？」「什麼時候的事？你這陣子還好嗎？」等。

利用以下幾種表達好奇的方式，我們會更得心應手。

—1— 回映與共頻

前面提到「回映」的技巧，把我們汲取到的資訊整合後再重新核對對方的語意。記得我們自己的位置（意象中的）是要站在當事人身旁，所以語言上要能與對方有所共頻，要能站在對方的立場來感受他的感受。以朋友失戀為例，我們可以提問：「你說你失戀了呀，何時的事？」「是你交往多年的男朋友嗎？我記得上次還有來參加聚會耶，怎麼會這樣？」「你這陣子會痛苦嗎？難過嗎？」這些提問有助於我們理解一起事件的脈絡，以及這起事件對一個人的內在衝擊。

2 對當事人的衝擊與影響

一起事件的發生可能對當事人而言衝擊很大，但當然也可能沒什麼影響。透過提問，可以核對這樣一件事是不是對他帶來困擾，如果沒有，那麼我們只要謝謝對方分享這個故事即可。若是帶來困擾，我們就可以繼續往下探索，這件事如何給他的內在帶來波瀾，以及對他帶來的影響為何。

以朋友失戀為例，你可以詢問：「對方向你提分手時，你很驚訝嗎？」「這個人跟你說了哪些話，讓你這麼痛苦？」「你和對方分手之後，生活作息有維持正常嗎？」「這段戀情給你帶來了什麼意義？」

3 對非語言訊息的好奇

觀察一個人的語言及非語言訊息，可以用來做為提問的素材，藉由肢體動作，我們可以了解當事人的內在是否正在牽動外在行為，進一步了解一個人的內在。例如：「你流眼淚了，還好嗎？」「你呼吸很急促耶，怎麼了嗎？」「你說到前男友時，嘆了一口氣，你想到了什麼？」「你提到不能做自己時，突然眼眶泛紅，你怎麼了，有什麼感覺？」

4 現在與過去的關聯

人的大腦記憶了相當多訊息，累積一定經驗之後，大腦會告訴身體應該要做什麼反應。透過對過去類似經驗的探索，我們可以更了解一個人從以前到現在是怎麼處理類似事件，是否重複著無意義的反應。從現在發生的事件可以連結到過去發生的經驗，在過去與現在來回探索，也可以幫助當事人釐清過去的已經過去、現在發生的屬於現在，我們可以有一套新的做法，不用受限於過去經驗的制約。例如：「你說男友和女生談話你就不舒服，你以前就會這樣嗎？」「爸爸在你小時候離家和別的女人在一起，這會影響你的愛情觀嗎？」「媽媽在家中都是討好的姿態，她不斷委屈求全，所以你為媽媽覺得不捨，這和你現在經常指責男友有關嗎？」由於回溯式的提問力量強大，我在後面會特別談到（頁一六八）。

5 未來的決定

在我們看清楚來龍去脈，理解一個人的內在如何受到衝擊，了解現在的所想所做是否與過去的經驗相關後，最後可以好奇當事人未來要如何前進，為自己負責。「你知道爸爸對你的愛情觀有很大的影響之後，接下來會怎麼做呢？」「現在這個狀態是你喜歡的、想要的嗎？如果不是，那你會做什麼？」「在明白了這件事的困難，你也能接納自己的衝擊後，你的決定是什麼？」

所有的好奇都是幫助一個人開啟覺知，所以切勿將自己的觀點或期待強加在別人身上，只要當事人能感受到被理解、支持，他們自己就會有力量為自己負責。

對話的開門

如果想要進入到比較深刻的對話，你需要經常覺知自己是不是還在「解決問題」的慣性裡。

開始學習如何對話之時，如果聽到對方提出了問題，你還會急忙想辦法解決嗎？如果是，很多時候你會不得其門而入。因為急著找解決方案，很可能只是因為自己的內在有了衝擊，自己無法接納這個衝擊，才會不斷在外在呼應對方，形成一種超理智的姿態。

舉例來說，假設有天同事對你說：「慘了，我的專案做不完。」你若是習慣性的回應：「需要我幫你嗎？」「你趕快向經理反映。」「快向客戶求情。」你就是陷入了慣性的「解決問題」思維。

當別人提出問題時，先覺察一下，我是否會覺得煩躁、不耐或焦慮，而不是急著回應他人。

很多人學習對話後回到日常卻經常卡住不知道怎麼提問，有很大一部分和我們的內在有關，倘若我們的內在感到急躁，便會覺得是不是問話的方向沒有達到想要的目的，所以拚命套用課堂上的公式，想突破人的內在，但往往適得其反。曾經有學員來上課時詢問：「我都按照老師教的方法回去和部門年輕同事對話，可是他似乎不願意聽我說話，我該怎麼辦？」

首先，我們要知道一段關係的存續經常建立在信任上，倘若這份信任變得比較薄弱，那麼關係就會宛如「積木疊疊樂」的玩具，漸漸鬆動地基，到最後崩壞、瓦解便是很自然的事了。

明白了這個道理之後，我們就可以在關係上逐步建立彼此的信任感，這樣才能有效拉近雙方的距離。當雙方距離變得比較親近、關係比較緊密，自然很多事就可以實質進入「討論」階段。

接下來，看看如何從對話中逐步建立彼此的信任，從打開話匣子開始，進入對方的內在，以冰山架構做為基礎，從感受的層次進入到對話，最後找到正向資源，並且連結渴望。

多年以前我仍在臺灣任職的時候，雖然當時我尚未大規模涉獵心理學，但回想起來我的應對都已經走在對話的基礎脈絡上，貼近談話者的冰山，找到資源並連結了渴望。我把當時的對話與現在所學的溝通方法做了統整歸納，人物跟細節做了一些調整，將時序重新拉回到當下。對話的內容我無法記得全貌，因此在編寫故事時我也以後來的學習加入了一些探索感受的對話，方便讀者有更多學習。

我曾在某資訊公司待了很長一段時間，剛進公司時，我負責跑一些主要客戶，除了維繫客戶關係，也負責開發新業務。當時臺灣幾家資訊業大公司很多都是我們的客戶，其中包含微軟、IBM、宏碁、趨勢科技等。

我擔任業務經理一、兩年之後，公司決定讓我帶領「交付」部門，從專案經理開始負責各式項目。之後，我從原本的專案經理漸漸轉成帶團隊的部門經理，主要負責軟體本地化業務。

我部門同事帛宏進公司好幾年了，每次接到新業務總任勞任怨、主動加班，很少對工作發出不滿的抱怨。我很喜歡他認真的態度，也覺得這樣的年輕人將來必定有很好的發展。

某天，帛宏發出一封讓我瞠目結舌的郵件。他在回覆我一封信時寫道：

現在這家客戶希望我們每週結束以前都能交出當週報告，要我們提出進度分析並舉出可能存在的風險，可是客戶從來不看呀！我們每週交報告不知道要做什麼，而且他們還不按時付款。開會時也很不客氣，好像我們是他們的僕人，和這樣的客戶工作實在很累。

我收到這封郵件時，根本嚇呆了，因為收件人不只我，還有這個專案的客戶，回過神後，我忍不住大罵髒話。

郵件發出去就像潑出去的水，不像現在的通訊軟體還可以收回，那封信寄出去已經收不回來了，事後我只能硬著頭皮向客戶道歉，強調這只是我們內部同事的個人意見，不是針對客戶做人身攻擊。

我知道帛宏抱怨客戶只是無心之過，雖然這個錯誤太大意，他原可以在內部抱怨之前，先檢查一下郵件是不是同時傳送給客戶了，但這一切已經太晚。

雖然我自己心裡也很鬱悶，但我告訴帛宏，算了吧，這是無心之過，不用太在意，至少這個專案還在進行中，客戶應該不至於終止合作。

雖然我這麼說，不過可以看出來帛宏有滿滿的愧疚感。

客戶並沒有針對此信多說些什麼，但帛宏卻整天魂不守舍，不知道他的內在發生了什麼事。

幾天後，我又收到帛宏的郵件了，這次是他的辭職信。

帛宏說，他辭職的主因並非因為犯了這個錯，而是他長時間處於緊繃狀態已經很久，他需要離開工作崗位休息一下。他知道公司會讓他休假，但他說即便休假時，他的心思也是放在工作上，有休假等於沒休一樣。

現在加上這個導火線，這是不應該發生的錯誤，他深感對不起主管和公司，所以決定離職。

我收到這封郵件的震驚並不亞於上一封，決定找他好好談一談。

收到郵件後，我很快約了帛宏到會議室，我的目標是希望能留住他，希望他不要因為一件事就遭受打擊，在情緒低落時做出匆促的決定。畢竟帛宏認真負責，他的離開會讓我失去得力助手。

我在會議室看見帛宏低著頭走進來，請他坐定位後，才開始和他說話。

「帛宏，我看到你的信了，你要提離職是嗎？」

「對，我決定離職了，謝謝 Charles 長時間的照顧。」帛宏說。

「帛宏，可以告訴我原因嗎？是因為前幾天你發給客戶的郵件嗎？」我問。

「是，也不是。其實我最近覺得很累，有時晚上回到家都已經十點，就算提早回家，我還是會打開電腦來工作。加上前幾天想要跟內部同事抱怨一下，沒發現原來那封信上也有客戶在裡面。」

「嗯，我知道那不是你有意的，你應該只是對同事吐吐苦水。」我附和著。

「但傷害已經造成，客戶都看到了，可能也會連帶影響之後的合作。」

「帛宏，當你知道郵件發出去，裡面有客戶時，你嚇傻了吧！」我問。

「嗯，我心裡想『完蛋了』。」

「我知道。你現在還在驚嚇狀態中嗎？」

「現在比較好了，更多的是懊悔而已。」

「懊悔喔，是懊悔怎麼會這麼不小心嗎？」

「對啊，這個錯誤太低級了。」帛宏哭笑不得的回答。

「是呀！但你不是有意的，對嗎？」我回應。

「對，但實在太不應該了。」

「但你不是故意的呀！」我強調。

「我知道，但還是我的錯。」

「你不是故意的呀！」

「嗯。」

「帛宏，你不是故意的呀！」我又強調一遍。

帛宏這時情緒有點起伏，眼眶有點潮濕，眼神看向他處，彷彿害怕讓我見到他情緒豐沛的一面。

「帛宏，你很自責嗎？我知道的。」

在我觀察到帛宏胸口不斷隨著大口呼吸而劇烈起伏的同時，我猜測他的內在有大量的自責，所以我直接點出這個情緒，告訴他，我知道他的感覺，我理解他的感覺。

帛宏聽到我這麼說，終於忍不住眼眶裡的淚水，緩緩的流了下來。

我在這裡稍做停歇，也藉此讓帛宏能好好抒發一下。在日後的學習裡，我才明白當時我讓帛宏敘述內在的狀態，本身就是一種情緒流淌的療癒過程。

事實上，當這起事件發生時，我承認自己內在一片慌亂，思緒不停糾纏著：「帛宏在搞什麼鬼，怎麼會這麼白痴。」雖然心裡滿滿的憤怒與不安，還好當時我知道情緒爆發時做出的舉動都不會太過理性，所以選擇暫時不去處理帛宏，而是先把注意力擺在客戶，這與我長期的專業有關，並非我真的接納自己的情緒，我的做法仍放在如何解決問題。只不過，後來我看到帛宏的信，知道「失去這個員工」並非我想要的，才慢慢沉澱下來，希望能和他好好的深談。

我的提問從事件本身開始切入，很快的走到「感受」，藉著詢問帛宏是不是「嚇傻了」來核對他的內在狀態。除了驚嚇以外，他更深層的感受是懊悔與自責，所以我選擇直接面對他內在的懊悔與自責，讓他知道我實實在在看見了他的感受。

從「感受」走進一個人的內在冰山是我常說的「開門」。許多人在初學對話時，不知道要從哪裡進入一個人的冰山，我會建議可以試試從「感受」入手。不過探索感受時，經常遇到一個風險，很多人對於感受並不那麼熟悉，如果我們選擇開放式的問句：「你的感覺是什麼？」

很多人會回覆「我沒什麼感覺」或「我不知道」，甚至會把感受當做是觀點，回應的會是「我覺得自己很白痴」。像是前文的對話，我提到帛宏是不是「嚇傻了」，帛宏回應我的是「完蛋了」。驚嚇是感受，但「完蛋了」是觀點，並非感受。我沒有直接否定帛宏，告訴他「你說的不是我要問的」，我很清楚自己想從感受切入，如果一次提問達不到我想要的，通常我會多試個幾次。保持開放、尊重對方、接納一切發生，這個心態會主導著對話品質。

關於感受，開放式的問句通常會比較好，也不會因為自己的主觀概念框架了自己，把自己認為的感受強套在別人身上，但在實務上，開放式的問句很容易讓當事人摸不著頭緒，不知如何回答，所以可以運用適度封閉式的提問，例如：「當時你知道郵件裡還包含了客戶，你會感到震驚、害怕還是慌張嗎？」

「震驚」、「害怕」、「慌張」三個選項清楚明確許多，當然我們可以涵蓋更多的感受形容詞，在工作坊裡我經常將「生氣」擺在第一個感受做詢問，接著會問是否有緊張、害怕、擔憂、不安、孤單和難過。「難過」是比較深層的情緒，所以通常我會放在最後一個詢問。

這些感受語詞並非是一成不變的，我們可以觀察對話的脈絡，尋找比較貼切的感受語詞來探索當事人的內在感受。

封閉式的提問若包含的選項太多，也不一定適用在實務對話上，因為這樣的語言需要大環境配合，當事人不是在工作坊或諮商室裡，他們不見得這麼容易對這些選項這麼敏銳，這時候，我們可以用單一感受語詞做核對，讓對方確認是否正處於這個感受上，雖然說單一感受語詞是非常封閉的問句，但有時更為迅速有效。

確認當事人的感受後，我們只要接納就可以了。還記得第二章提到的 SAGE 嗎？最終的接納不僅僅對自己適用，在對話時，若是我們能接納對方的情緒，很多時候當事人的情緒就會找到出口，雙方很快就會處於同理的相等位置上了。

回溯的力量

在感受的層次上開了一扇門，很多時候當事人會開始有大量的情緒宣洩，這時只要反覆重複 SAGE 的接納方法，陪伴一個人走過情緒風暴，不需要太多無謂的動作和言語來阻斷一個人的情緒。有時候我們太過主動輕拍當事人或遞上衛生紙，雖然是一種關懷的表現，但有些時候是我們自己看到別人情緒激動時，內在的一種焦慮，這個時候記得仍然要回應自己的內在（透過 SAGE 進行），安靜陪伴對方就好，除非當事人真的太激動而歇斯底里，大多數時間我們只要安靜陪伴就會帶來支持的力量。

在陪伴情緒之後，我們就可以善用回溯工具來探索一個人的過去經驗，幫助我們更了解眼前這個人。

我們先前提到，人的應對姿態形成其實與過去的經驗有關，很多時候是因為過去遇過一些足以改變腦神經迴路的事件後，才開始在腦中有了對過去事件的一個印痕，當時就會在心裡做出相應的決定。

回溯的問句之所以會帶來力量，是因為很多的應對與反應並不是當下形成的，而是在很早之前我們就已經做了決定。走在十字路口，你看見紅燈會停下來等候，看見綠燈會往前行，這個動作不是你在十字路口那一刻才決定，而是你透過教育、學習、過去經驗累積而成。每次的新學習會讓大腦的神經元突觸在經過「組織、破壞、再組織」這個過程形成新的神經迴路，烙印在大腦裡，做為日後的「習慣」動作。

透過對話，將場景拉回當時做出決定的那個時間點，把過去的事件加以聚焦，我們就可以看見當事人何以會有這樣的決定，也會明白「來時路」的荊棘坎坷。這可以幫助當事人打開自己的覺知，知道我為什麼成為現在的我，這一路的發展是怎麼來的。把你拉回第一次站在十字路口的畫面，你可以更精準的知道這個紅燈停、綠燈行第一次的學習經驗是怎麼形成的。

我在等待帛宏的情緒抒發告一段落之後，繼續和他談話。

「帛宏，你經常對自己這麼嚴苛嗎？做錯一件事之後，會有這麼大的自責呀？」

我接著問。

「嗯，我總是希望事情能做到完美。」

「你這個個性怎麼來的？以前就是個追求完美的人嗎？」

帛宏在這裡思考了一下，沒有直接回答。

「可能是和我的出生環境有關吧！」

「和你的出生環境有關？你的意思是？」我核對。

「小時候家境不好，爸媽常吵架，我總覺得是不是自己哪裡沒做好。後來爸爸在外面欠了一屁股債，媽媽就帶著我到處搬家。」

帛宏繼續說：「以前媽媽會怪我，爸爸都已經不在了，我還這麼不乖、不聽話。」

我聽了很難過。媽媽為了躲債主，不會告訴任何人我們搬去哪裡。所以我小時候因為常搬家，經常一個人獨處，沒什麼朋友。

「小學五年級以前，我們大概就搬了八次家，每搬家一次，我就必須要轉學。到了新學校都會覺得很陌生、害怕，那個感覺經常縈繞心頭。」

「轉學了八次啊？」我很訝異。

「對啊！我擔心是不是自己哪裡又做不好，所以必須要轉學。可能也是這樣造成我時時刻刻都要很小心，深怕自己表現不佳，也怕媽媽責罵。說真的，我小學時的心願就是不要再轉學了。」

說到這裡，帛宏深深嘆了一口氣。

我聽著他的故事，也跟著嘆了一口氣。

「難怪你做起事來這麼認真，每天早到晚退的。」我回應道。

「沒辦法，我的個性就是這樣。」帛宏說。

「帛宏，聽起來你小時候把經常搬家當做是自己做錯了事啊？」我好奇。

「嗯，我長大之後知道與自己無關，但可能也是因為這樣養成了凡事小心，不能犯錯的態度。」

「帛宏，你這個『不能犯錯』的想法怎麼來的？不會是你告訴自己的吧？」

我在這裡有更多好奇，畢竟他當時是孩子，怎麼會學到不允許自己犯錯的觀念？

頓了一下之後，我繼續向他發問：「帛宏，你小時候有犯錯嗎？哪次犯錯你印象最深刻？」

帛宏思考了一下說：「有一年，我換了一個新學校。中午吃完便當後，我把便當盒拿去洗手檯沖洗，結果忘記帶回家。回到家後，媽媽問我便當盒怎麼沒帶回來，我答不上來。我當時也忘了便當盒放在哪裡，結果媽媽順勢往我臉上呼了一巴掌，我頓時眼冒金星。」

帛宏說到這裡時聲音顫抖，我看見他雙手來回揉搓，顯得十分不安。帛宏後來解釋，媽媽那段期間情緒經常不穩定，動輒出口責罵。媽媽情緒不好時，帛宏免不了要挨巴掌、挨棍子。

「媽媽打的這一巴掌記憶深刻嗎？」我問。

「對，我印象很深。」

「當時覺得生氣或難過嗎？」

「都有，我只是忘記便當盒放在哪裡，可能正好碰上媽媽心情不好吧，所以惹她生氣了。」

「媽媽生氣了，你也生氣嗎？」

「生氣呀！」

「生誰的氣？」

「媽媽吧！哦，可能也是對自己生氣吧！」

「怎麼說對自己生氣？」

「就覺得很簡單的一件事怎麼會忘記，我應該要記得便當盒在哪才對。」

「你是故意把便當盒忘在學校的嗎？」我核對。

「當然不是呀！」

「那怎麼會對自己生氣？」

「就自己太笨，不記得東西在哪。」

「帛宏，我知道為什麼你會容易對自己自責了。」

原來帛宏的內在機制裡，媽媽不允許他犯錯，即便是無心之過，帛宏都會認為自己做得不夠好，惹媽媽生氣。媽媽對孩子的無法接納也連帶著帛宏對自己無法接納。

我跟帛宏談到這裡，他仰頭看著天花板，彷彿有了新的發現。

「唉，可能真的是這樣，我一直小心翼翼害怕犯錯。深怕自己做得不好，惹得媽媽生氣，然後又要到處搬家、換學校。」帛宏說。

「帛宏，這麼多年來，你都是這樣想的呀！那你這些年來不就經常對自己生氣，這樣不累嗎？」我問。

他頓了一下，回應說：「累啊！」

「唉，難怪！」我嘆了一口氣。

說到這裡，我更明白為什麼帛宏對自己要求這麼嚴苛，他就像是反穿著冑甲，將刺往內扎，只要輕輕一動就會戳得滿身是血。

我溫和的看著眼前的年輕人，滿心疼惜，而帛宏好似被我看穿般，眼眶濕潤，鼻翼抽動。

在工作與生活中的對話我們可以經常使用「回溯」這個工具，幫助我們更了解一個人的思維走向，也可以知道一個人現在的想法是怎麼來的。

回溯的問句有很多種，不一定要墨守成規的問：「你什麼時候開始……？」可以按照當時情境，運用最適合的語句。例如：

「還記得你什麼時候開始有這個想法的嗎？」

「以前也有這樣的經驗嗎？」

「同樣的事情過去也會困擾你嗎？」

「記得上次你有同樣困擾是何時嗎？」

「你說的這件事，也曾經困擾過你嗎？」

諸如此類的問話方式可以依照自己的習慣和上下文的脈絡自由應用。我看到有些朋友在學習對話後，經常套用同樣的問句，這在「刻意練習」的教室裡或許大家習以為常，但是在日常生活中卻經常卡關，原因就是我們的談話對象知道你在用技巧應對他們，心裡就會產生一種抗拒，這不是一種真誠的表現，所以反而會令人反感。彼此的信任感會因為你在套用公式而大幅下降，如此一來，原本好不容易建立起的信任就會瓦解，反而不利於後續的連結。

理解一個人過去的經驗與歷史軌跡，我們就能和他更靠近一點，剩下的就是怎麼在豐厚的資源裡慢慢關上原本打開的那扇門。

對話的關門

第一章提到內在冰山的渴望層次大抵是愛人的能力、被愛、被關注、被認同、被接納、自由、安全、歸屬感、有價值、獨立的。這些都是指引我們對話前進的明燈。當我們與人對話或溝通時，如果要說有一個目標，那麼渴望層次裡的這些元素就是我們要邁進的方向。

在我知道帛宏的心路歷程後，我對他又多了一份憐惜，這樣的一個孩子長大之後還是深受童年的經驗所影響，言行舉止無不受到框架，在他行走的軌道裡，應該很多時候看見的只是批判，他看不見自己這一路上怎麼走過來的。

「帛宏，我問你，在加入我們這個團隊前，你是怎麼離開前一個公司的？」

「我是個不喜歡變動的人，除非逼不得已。在上一個工作待了三年多之後，公司大規模裁員，我是其中之一。」

「所以不是你自願要走的？」

「不是，但反正可能我比別人差吧，有的人沒被裁，反而是我被裁。」

聽起來帛宏仍然把責任歸咎在自己。

「你連被裁員都會覺得自己不夠好啊？」我問。

「嗯。」

「帛宏，你對自己當真這麼嚴格呀？」

我停了一下，等待帛宏的回應。

「帛宏，你凡事都小心謹慎，但人總是會犯錯不是嗎？看來你經常自己捅自己一刀，這個狀態你喜歡嗎？」

「不喜歡。」帛宏低聲道。

「那怎麼做才好？」

「不知道。」

「帛宏，你經常捅自己，這一路怎麼走過來的？」我問。

帛宏忍不住眼眶的淚水，滴滴答答掉在辦公桌上。

「你說媽媽當年的一巴掌讓你印象深刻，如果你結婚有孩子了，你會對孩子這樣嗎？」我問。

帛宏拭了一下眼角的淚水後說：「當然不會。」

「回想一下，如果你見到小時候的帛宏，會對被打了一巴掌的小帛宏說什麼？」

我引導帛宏做一個深呼吸，先把畫面回到那個童年的場景，想像著那個站在媽媽面前茫然無措的小孩。

帛宏淚流不止。

「我會跟他說，帛宏，沒關係的，你不是故意的。」

「帛宏，你不是故意的。」我重複他的話。

「嗯。」帛宏應了一聲。

我看著眼前的年輕人，用堅定的口吻再告訴他一次。

「帛宏，你不是故意的。」

我在這裡停留了幾秒鐘。

接著再說一次：「帛宏，你聽我說，你不是故意的。」我既緩慢、又堅定。

我的用意是要帛宏打從心裡接受曾經犯了一點小錯的孩子，即便當年的他忘記便當盒在哪，他也能真心原諒與接納這樣的自己。

那座童年時期的冰山和現在的這座冰山遙遙相望，互相激盪著。

帛宏失聲痛哭了起來。

我就在會議室裡望著這個肩膀不停抽動、淚水無法止歇的年輕人，試圖從我的語言和陪伴裡送出關愛的能量。

我只是這樣看著他，兩人靜默了好幾分鐘沒說話。

「我……不知道自己怎麼了。」帛宏終於開口，邊擤著鼻涕邊斷斷續續說話。

「帛宏，沒關係的，你不是故意的。」我語帶雙關的接納了小時候的帛宏、寄錯郵件的帛宏、略帶哽咽的帛宏。

「你知道嗎？你提出辭職時，我心裡很震驚，因為你始終在工作崗位上很努力，但卻因為一次的無心之過而想離開，我認為太不值得了。」我提出心裡的想法。

帛宏沒有說話。

「帛宏，你聽我說。我、不、要、你、轉、學！」

這幾個字，我特意放慢速度，一個字一個字吐出口來，雖說以轉學的概念說出，但意有所指希望他不要離職，而這是我的肺腑之言。

帛宏聽到這幾個字之後，原本間歇的淚水又大量湧出，這次他再也不忍了，不斷抽取衛生紙，眼淚和鼻涕擦也擦不完。

帛宏抱著我大哭了一場，我的眼角也濕潤了。

經過了這一次的談話，帛宏決定暫時不提離職了。

從帛宏提出離職之後，我跟他的這一席長談可以發現，除了先傾聽他自己對於離職的想法，我很快就確立了自己要的方向，這是定下我對帛宏的目標，也是我「在乎情境」的做法。同時我也告訴他，我心裡的想法與感覺，希望他不要因為一次的無心之過就毀掉努力的過程，這是「表達自我」，讓他清楚明白我這個經理心裡的想法。最後，當然不斷在語言上「關照他人」，也就是關心帛宏的感受與他過往的歷程。

在學習薩提爾模式之後，我整理了一下過去的這個對話，發現我在對話一開始就已經確立了方向。我利用「感受」做為談話的敲門磚，在幾個感受詞語裡推敲他的想法，試圖在談話過程理解他在寄錯郵件當下內在發生了什麼事。

緊接著向他提問，這個「不斷自責」的機制是怎麼來的，以前是不是有過類似的經驗，讓他能找到自責的源頭，這是回溯的力量。我們共同透過時光機穿越到過去的一段畫面裡，要看看以前發生了什麼事，這段期間怎麼會變成現在的這個他。

最後，利用提問，我試圖找出過去的他與現在的他連結的關鍵，而類似的事件是否給他帶來相同的衝擊和影響，是否也讓他內心做了一些決定。「你不是故意的」是他對自己的認同與接納，而「我不要你轉學」則是做為一個主管對員工的認同與接納。當這個認同與接納在渴望的層次碰觸了，人會體驗到一種充實飽滿的能量從胸口往外擴散，進而衍生出面對困難的力量。

渴望的元素通常是我們共同追求的目標，所以一般來說，每個人都會知道自己想追尋什麼，在這樣的情況下，如果可以引導當事人說出自己想要的目標，這會像是他們在內在心井投入一顆石頭，後續的漣漪會慢慢擴散開來，他們自己就能看見確立目標之後的效益與衝擊。

對話時切記「在、表、關」的訣竅，在感受處開門、在回溯事件裡看見歷程、在渴望處關門，這就會是一個有力量的談話。

6

從自我到團隊共好的溝通

誠信爲本，勾勒共同藍圖

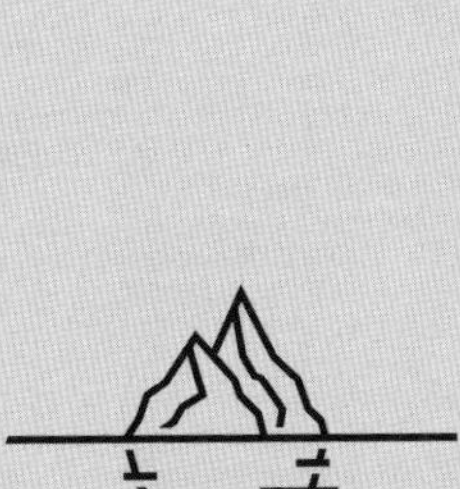

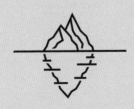

放過自己

我在工作坊裡經常遇到帶著問題而來的學員夥伴，很多人是在工作上遇到了很大的挫折，不知道要怎麼和自己的主管或同事相處。

某天我受一個單位邀請去辦了一場工作坊，講述如何從看見自己內在再到外在的應對做出改變，來參加的夥伴泰半沒參加過類似的工作坊，他們對於我現場和夥伴們的對話狀態頗為震撼。

小方在下課期間來問我問題。

「老師，上課的時候你說要先覺察自己，然後才做出回應。我覺察了啊，可是接下來呢？」

我定睛看著小方，她大約三十來歲，雖然口罩遮蓋了大半個臉，但臉部線條仍然顯得緊繃。

「小方，你說的是什麼時候有覺察自己呢？」我不疾不徐的問。

小方說：「就是上週的事而已。我的主管有一點強迫症，他每次交代事情就會巨細靡遺跟我講一堆，講完之後還不放過我，每隔幾分鐘就會來問我進度如何，那個做得怎麼樣了，然後對我下指導棋。」

「上週，主管要我去跟廠商下訂一批貨，才一交代完，就問我什麼時候能完成。我告訴他下班前會搞定，沒想到才過不久又來問我做了沒有。我不是都說下班前會做完嗎？他每次都這樣，我被他搞得很不耐煩，連事情都沒辦法做。」小方繼續說。

小方語速很快，她的問題劈里啪啦陳述完，我都察覺到自己的肌肉隨者小方的話語開始緊繃起來，肩膀頓時感到僵硬。

我的意識先流轉到身體緊繃的部位，看著自己僵硬的肌肉，順勢也做了一個深呼吸。這是先回應自己的感官，不急著回應外在。

在自己的身體與內在做了一點連結之後，我才開口和小方說話。（雖然文字表述看起來需要花些時間，但其實意識流動也只是電光石火之間的事。）

「小方。」我輕喚夥伴的名字，然後先停在這裡。

小方眼神急切的看著我，等待我接下來的話。

「你的語速偏快了，請你深呼吸一下，利用頭腦的助力幫助自己先把語速緩和下來，好嗎？」

小方用力點點頭：「我知道我講話比較快，我會慢慢練習。老師，接下來呢？」

我心裡想，慣性這個東西真是有趣呀，迪斯本札在《未來預演》一書提到，人類大概到了三十五歲之後，多數處於自動導航的狀態，百分之九十五的反應都是以慣性來應對。小方腦袋大概想的是「要怎麼解決問題」一事上。

我問小方：「主管沒過幾分鐘就來叮囑你，你覺察到的情緒是什麼？」

「生氣！」小方不假思索。

「你允許自己生氣嗎？」我問。

「可以啊，我不但生氣，後來還罵了廠商。」小方很快的回應。

「那是兩件事。內在的情緒和外在的應對是兩件事。小方，請你慢一點，感覺一下自己，看看一個內在有生氣的自己，你跟她說說話，告訴她：『你可以生氣、你可以煩躁、你也可以感覺無力，我會在這裡陪伴這樣的自己。』可以嗎？」

小方按照我的引導，閉上眼睛對著自己說話。

「不行耶，老師，」小方開口了。「我做不到！我沒辦法允許自己。」

我看著小方努力的樣子，心疼一個賣力工作的員工，在每天上班下班的日常中，眼睛只專注看在工作與主管身上，卻忽略了自己。

「小方，做不到是嗎？你允許自己做不到嗎？」我輕聲的說。

小方眼眶泛淚，但是隨即收起嚴肅的臉龐，帶著笑容告訴我：「老師，真的會哭出來耶，我不行了，先不說了！」

還沒等上課時間到，小方很快收起剛剛洩溢的情緒，回到位置上坐好。我明白她需要一點時間靠近自己，在這個時間點上我並沒有特意的想要做什麼。

或許這也是我能力所不及的地方，與人保持一定的距離也是我的慣性。我的觀點總是認為助人者也好，做為意欲連結的親人或朋友也好，我們釋出關懷並且發送一份溫暖就已經足夠，剩下的就是需要一點時間來發酵、讓子彈飛一會兒。持續發送關愛是我們可以做的，也保留一點空間讓對方能夠自由選擇他們想要的。

許多人認為「愛」是一種溫暖與包容。而我以為，「愛」是無條件的給予和付出。因為有愛，我願意等待。因為有愛，我願意體驗失落。

我的愛一直都在，這是付出，是我的願意。而這個願意不會因為你的回應與否有任何改變，這就是愛，「它」與我的付出有關，和你的回應無關。

我的愛就這麼近，我會讓你知道，只要你轉身，我就在這裡。

只是我沒有想到的是，我的等待其實也就下課幾分鐘的時間，下一堂上課後，小方的轉變就讓我大為吃驚。

上課沒有多久，小方就主動舉手分享了她的小故事。

她說，從小母親就對她很嚴厲，當小方生氣或發洩情緒時，母親總是責罵居多，使她的內在機制形成了一種習慣，「生氣是不好的」、「生氣是不對的」，凡事處處要求自己，不能允許自己有絲毫的差錯。進入職場後，同樣的邏輯也帶入工作裡。

小方說，求學階段時，她希望可以發揮美術的專長，報考美術班，她認為美術是她一輩子的興趣，但母親卻潑冷水，說女孩子不要浪費家裡的錢，能念個高職或專科學校就好，希望小方趕快畢業出社會賺錢，分擔家裡的經濟。當時的小方，非常不能諒解母親的決定。

「當時的你生氣嗎？」我問。

「很氣啊，明明我可以升學，為什麼不讓我念？」小方握著拳頭。

「這個氣，現在還在嗎？」

「在，但也沒用了。」

「怎麼說沒用？」

「我沒辦法再回去念書了，媽媽也過世不在了。」

我大概明白小方內在的憤怒為何遲遲無法消散，這也進而影響到她日常的應對。

「小方，媽媽不在了，對你有衝擊嗎？」

「有，一方面還在生氣，一方面又覺得都過去了，不應該這樣對媽媽生氣。也很難過，我的人生就這樣被注定了，無法改變。」

小方說，青少年時期她對於此事耿耿於懷，即便她怎麼向媽媽抗議和爭取，也無法撼動媽媽的決定。

面對她的生氣，我請小方回家做幾件事情。

回家之後找一個安靜的地方，想像著媽媽坐在她的對面，告訴媽媽，自己還是對她生氣，盡量發洩心中的不滿。

然後回想一個媽媽曾經給予她溫暖的畫面，並且感受一下那個畫面帶給她的感覺，也把這樣的感覺回饋給媽媽。

接著，謝謝自己曾經走過這麼一段路，還願意透過學習來改變自己，欣賞那個不曾放棄的自己。

小方跟我確認了這幾個步驟，我也帶著她示範如何健康的、不傷害他人的發洩自己的情緒。

只見小方突然大喊：「我不行！」「我不要！」雙手緊緊握拳，全身不斷顫抖。

小方的反應強烈，在課堂裡，除了小方，我也觀察其他學員的神情，我看到好多雙滾動的眼球，有的人表情為難，有的人顯得有些尷尬，有更多的眼睛似乎在觀察，準備看我怎麼回應當前小方的反應。

我看著小方，以 SAGE 的方式再度回應自己內在之後，如實以對。

我能給予我的關愛，同時也能接納他人情緒起伏而安穩面對嗎？

我看著小方的顫抖，想像著她與自己的內在打架的狀況，那種滋味真不好受。我等待了一會，告訴小方「如果情緒要來，就放手允許它來吧，有多久的時間我不能允許自己有情緒了呀！」

小方大叫，低吼，緊接著大量悲傷竄起，開始啜泣了起來。

當憤怒流淌之後，悲傷隨之而來，情緒的流轉總是這樣運行。在這之間，我能示範的就是如何允許小方，並且溫暖的接納她而已。

小方宣洩一陣時間後，我向現場的夥伴解釋這個過程，也同時不斷帶領小方覺知自己、核對小方的狀態，確保她最後是安全，是有力量的，做到談話最終的「關門」。

後來，小方在課堂上反饋說，她沒想到以前不允許自己有情緒的她，經過了這樣的程序，肩膀突然鬆開了，胸口感覺比較輕鬆，內在更踏實了，經過了這「一役」，更有方向了。這也是在冰山架構裡連結了渴望之後，「自我」的價值與力量增強之後的結果。

我引導小方還有在場的夥伴們，讓他們知道，對自己有愛，是不需要理由的。

當我允許並且接納自己的一切，我的身心容納之窗也會變得更寬大，應對上也能更自由。

當回去面對職場的主管，在合乎公司規範的情境下（在乎情境），我們就可以更從容表達自己的感覺、看法與期待（表達自我），最後還能同理主管，做出我們的理解（關照他人）。

在放過自己之後，我就能夠更勇於接受即將面臨的挫敗與失落了。

不管外在如何變化，我都會愛自己，都和別人沒關係。一旦連結了渴望，生命力自然會順勢發展強大，在自我的層次會變得更堅實，在遇到波瀾時總能順勢化解，屹立不搖。

積極面對「人」，而非「問題」

能夠放過自己，接納自己的情緒是我從本書一開始就不斷給大家的一個概念，因為內在不停受到外在的影響而遭受衝擊，我們的理智腦空間會被壓縮，所有外在的應對就沒辦法呈現一種好的狀態。

如果你能時刻回應自己，讓自己在自在、舒緩的感受裡保持覺知，我們就可以很和諧的處理外在的事物了。

我在北京工作時，常需要處理人事問題。有一次，員工羅夫跑來我的辦公室向我提離職。羅夫剛升組長，他一進門就對我說：「Charles，我這次必須跟你提離職了。」

在中國大陸工作那幾年，除了可以見識到軟硬體建設飛快發展，也可以看到因為工作機會大幅增加，人才的流動速度相當快，而這也給管理者帶來很大的挑戰。

「羅夫，進來坐吧！怎麼啦？」

「我加入公司一年多，每天都加班，從來沒有抱怨。但這次公司給我的加薪太少了，我沒辦法對我媳婦交代。」羅夫劈頭就單刀直入提起薪水的事。在當地語言「媳婦」是指太太。

「加薪加得太少是嗎？你有跟小敏提嗎？」小敏是羅夫的經理，同時也是我的下屬，必須向我匯報。這次的加薪是公司訂立了整體加薪的幅度，整個團隊的加薪幅度大約是百分之十，然後由經理提報績優員工，由部門主管同意。羅夫的工作表現還算不錯，所以小敏提高了他的加薪幅度，薪資從原本五千元人民幣提高到七千五百元。這個幅度在我看來是相當高的，但顯然羅夫預期的更高。

「跟小敏提沒有用，她就認為我不值這個錢。她跟我說，我的加薪已經夠高了，她自己都沒加那麼多。但那不關我的事啊！她自己可以跟你爭取不是嗎？」

「羅夫，你說的沒錯。她這樣說你應該不大舒服吧！」我試圖同理他。

「當然，她怎麼可以拿自己的情況來跟我講。」

「羅夫，謝謝你這麼誠實。除了加薪不滿意，你還有什麼想對我說的嗎？」我想要確認加薪是不是他的唯一訴求，還是其實有其他的因素。

「我跟小敏工作不愉快，每次她要求的工作我們小組都可以達標，然後她就會把更多的工作放在我們小組。我跟她反映了也沒用，她說她有ＫＰＩ的壓力，別人做不完，就只能交給我們小組了。這一點很不公平。」羅夫忿忿不平的說道。

「原來如此，所以你覺得辛苦沒有得到足夠的回報，是嗎？」

「沒錯！」

「我知道了，羅夫。其實小敏跟我說過你們小組的報錯率（測試人員要找出程式錯誤，俗稱『臭蟲』）是最高的，她很欣賞你們這一組的表現。不過小敏確實講話比較直，這點我會再跟她說。」我對羅夫的小組給予讚賞。

「另外，今年公司給了我們加薪的指標，我和小敏特別討論過你的加薪幅度。你的需求我聽到了，我也會思考一下整體的目標和你個人的期望如何達成一致。你讓我思考一天，也讓我與小敏討論一下，好嗎？」我不疾不徐的對羅夫說，並沒有立刻答應或是拒絕，希望在我們之間保有各種可能性。

「Charles，謝謝你，我知道你的為難。你願意聽我說，我已經覺得很舒服了。沒事的，你就按照原來的做法吧！」羅夫回答。

「謝謝你，羅夫。你願意為大局思考，我也很高興。不過既然我答應你了，我會認真考慮一下，也會看看如果無法提高加薪金額，是不是有其他更好的做法，不僅僅是為了你，也為了整個團隊。你提出這個問題非常好，也讓我知道大家工作時遇到的一些問題。」我進一步肯定羅夫提出的問題，也想要站在他的角度來看待這個問題。

「Charles，我要對你說內心話。以前我不覺得臺灣人有什麼厲害，不過和你談話我覺得特別舒服。你總是盡力幫我們爭取，雖然不一定能夠達到我們要的，但我總覺得你是站在我們這邊的。謝謝你，我沒事了，不管結果是什麼，我都會認真工作，不會讓你失望的。」羅夫很篤定的說。

「謝謝你，羅夫，我還是會照剛剛說的爭取一下，如果無法再加薪，你怎麼對媳婦解釋？」我在對話結束之前再確認一下。

「解釋啥，人家給我百分之五十的加薪，行了，主管能重視我就很好了，還怕將來沒機會嗎？Charles，你說對嗎？」羅夫自信滿滿的告訴我，我也報以微笑。

我並沒有一開始就針對加薪的幅度來評價羅夫，只是從好奇的姿態想要了解羅夫遇到的困難是什麼。由於我習慣性的會站在他人的角度去思考，如果是我這麼提需求，我最不想聽到老闆說什麼。如果是我的話，我也不喜歡聽到老闆說：「你都加薪這麼多了還不知足。」「你知道別人加薪幅度多少嗎？你甚至比我加薪幅度還多。」「你自己找你經理談，別找我。」諸如此類的回答。這樣的回答通常只會把人推得更遠。直接針對問題來做回應是比較不智的舉措，我們要關注的是眼前的這個「人」，而非問題。

即便對羅夫的需求可能我做不到，但至少態度上我可以展現出積極的姿態，光是「盡量爭取」這幾個字都可以讓對方感受我們的努力。一口回絕或是不專注應對只會讓人覺得厭煩。「同理」與「利他」會帶來正向的反饋，即使囿於環境限制，我無法提出令對方完全滿意的答覆，但至少態度上可以展現出積極的一面，對話的神情也可以更專注，讓人覺得我們是真心關懷他，而不是只想「打發問題」。

積極面對永遠比敷衍了事來得有幫助。

相較於我跟羅夫的談話，我自己也有和公司談薪水的經驗，可以供人資部門的朋友們參考。

在我調派到美國工作之前，已經有一陣子沒有調整過薪水了。因為我被任命到北美負責開拓業務，必須舉家搬遷，藉此公司指派了集團的人資總監負責和我談調職搬遷補助。

人資總監對我的薪資提了一個數字，但我不滿意。

「這個薪水不符合我的預期，更何況我要去美國矽谷，當地的物價水準這麼高，只有這樣的調整我認為不夠。」我跟人資總監提出抱怨。

「Charles，你要體諒公司的處境，你剛去美國，公司還沒看見具體的結果，所以這個幅度已經很合理，也是高層討論之後的結果。」

「你可以再去幫忙爭取嗎？老闆們可能忽略了當地的薪資水準，更何況我過去幾年沒有調整薪資，本來調薪的幅度就應該比現在更多才對。」我說。

「已經調很多了呀，更何況，你的薪資已經比某部門資深副總裁更高了，你要覺得滿足了。」人資總監試圖說服我。

本來我的怒氣只在自己胸膛，當人資總監拿我和另一位部門主管比較時，我發現怒火隨即冒出喉嚨。

「你拿我和他比做什麼，他要去矽谷嗎？他過去的業績有我好嗎？我們之間有什麼可比較的？」

人資總監不提還好，她說的人我很明白他的做人處事，雖不至於討厭，但被拿出來做比較時我很不高興，而且自己認為應該值得獲取比他更多的報酬才對。

當時我與人資的溝通不歡而散，最後還是請大老闆出面才擺平了我一時的怒火。

許多公司都有薪資保密條款，這個規範其實有一定的道理。很多人以為「同工同酬」就是一種公平，但是對於人性而言，我們很難做到完全公平。有的人「自認為」付出多，即便兩人在同一個職位上也不見得對薪資滿意。

以我的例子來看，當時人資拿出來比較的同事位階比我高，他的觀點認為我應該要對自己的薪水滿意才對，因為連資深副總裁位階的人都沒有我拿得多，殊不知我認定自己的薪資早就該超越別人了才是。

如果人資沒有在「人」上面做工夫，只顧著「解決問題」，通常非但問題不會解決，反而會製造出更大的摩擦。

走入對話的細節

隨著科技的發展，人類對於大腦的運作方式愈來愈了解。大腦內部有數億個神經纖維互相連結，而在神經纖維外層有著一層包覆的脂肪物質，稱之為髓鞘。它能強化神經訊號，讓在其中傳輸的訊號精準、快速的傳送。我們的神經迴路並非一成不變，而是隨時在重組、學習、成長的狀態，隨著外在的刺激與變化，神經迴路會記憶最佳的方式，讓我們的身體隨時處於一種適合生存的平衡之中。

長期研究創傷與身體復原的彼得・列文博士（Peter A. Levine）提出：「人在遇到

重大緊急事件時，身體反應會呈現對戰或逃跑的狀態，肌肉呈現緊繃，準備對外在的事件做出本能反應。然而，體內累積的能量若是沒有在對戰或逃跑的反應中釋放，體內的能量會被身體儲存或『歸檔』下來，變成一種存在感覺運動系統的內隱記憶（Implicit Memory），代表某種未完成的過程。透過外界的刺激，讓我們的內隱記憶重新浮現時，體內所有荷爾蒙與腺體釋放化學元素，讓肌肉又重啟裝備，彷彿當初的威脅仍然存在。」

簡單來說，在遇到新的衝擊時，每個人的能量都會被呼喚出來做應對，但倘若體內的能量沒有被完全釋放，這個能量就會反映在日常的應對裡，你自己在不斷重複著無意識的反應也不自知。所以很多人隱隱約約覺得生活不順，內在煩鬱不安卻又不知道原因為何，很有可能就是這個未釋放的能量在干擾著。

在面對具有創傷經驗的當事人來說，重新經歷一次受創經驗需要很小心處理。我在工作坊現場看見過不少創傷反應的學員，很多是直接在現場昏厥，有的是全身顫抖無法自已，有的則是嘔吐，而頭暈目眩也是常見的情況。所幸一般工作坊現場的老師都很有經驗，而在場的工作夥伴也都具備接納創傷反應的基礎，許多時候只要給予適度的陪伴與關懷，就可以讓當事人慢慢回到當下，熟悉現場環境，熟悉自己的身體。

對話帶領者若是面對重大創傷的夥伴，首先要先回應自己的內在，讓自己能夠安穩接納突發的狀態，再來陪伴夥伴。有創傷反應的夥伴，可以建議由有經驗的諮商心理師來進行諮商，不過這已是醫病的範疇了，超出一般對話需要的能力。

回到一般對話的場景，我們還是可以透過場景重塑的方式，讓當事人重新經歷當時的感受，在重新塑造的場景中注入新的資源。

在新冠肺炎疫情嚴峻的時刻，很多實體課程被迫取消，我也順應時勢在網路上開辦一些線上課程。學員珍枚在課堂上提出她的問題：「我開始工作到現在，覺得和同事都比較疏離，也不知道怎麼和同事相處。很多時候在公司上班時，自己好像都格格不入，大家要一起團購買東西，如果找我一起，我就會興趣缺缺。但是如果沒有找我一起，我又覺得自己是不是被排擠了。老師，請問我要怎麼辦？」

假設你是主管，若是部門員工來跟你傾訴，你會怎麼回應？

千萬要記得，當我們聽到一個問題或故事時，不要急著回應外在，而是在內在覺察一下我們是否有各種情緒，有時候我們自己煩躁、不安，在不經覺察的情況下就回應外在，通常就會說出以下的句子。

「你就盡量融入就好啦！」

「上班就好好上班，別想那麼多。」

「你不是來交朋友的，把事情做好比較重要。」

記得我們時時刻刻利用 SAGE 來回應自己，之後才是「在、表、關」的應對方式。

此外，透過細節提問我們可以把一個摸不著邊際的大哉問轉換成容易聚焦的癥結點。

「你自己覺得和同事比較疏離呀？」我問珍枚。

「是。」

「你說從你上班以來都這樣。那你還記得上班以前嗎？在學校念書的時候和同學也會疏離嗎？」我試圖做一個回溯的提問，想了解珍枚這樣的疏離感有多久了。

珍枚在這個問題裡思考了一下才回應。

「好像從學生時代就開始了，我和同學也處得不是很好。」珍枚說。

「還記得學生時代發生什麼事嗎？有比較要好的同學嗎？」我在這裡問得更深一點，希望透過這個時間軸拉近鏡頭，了解過去的珍枚發生了什麼事。

珍枚侃侃而談。

「還記得小學的時候，剛進學校認識了一個很要好的同學，但兩年後要重新分班，我當時聽到這位好同學即將被分到隔壁班，我哭得很傷心。可是她的回應是：有這麼誇張嗎？我看她沒有任何的不捨，而這個畫面存在我心底很久揮之不去。從小學之後，也是我開始被排擠、感到孤單的起始點。

「這樣的日子一直到國中畢業，以為會有新的開始；高中住宿舍的同寢室同學和我很要好，看到我就一定可以看到她。直到某一天，她告訴我因為與閨蜜吵架才賭氣跟我要好，但現在她們言歸於好了，所以不要再和我走得這麼近，當時的我選擇沉默，心裡覺得其實也沒什麼好說的。

「到了大學住校時，同寢室的同班同學可能是處於陌生環境，大家自然就走在一起。當時我也遇到了一位比較談得來的同學，經常一起吃飯、聊天。慢慢的，很多其他的同學經常看到我和她走在一起，在校內校外同進同出。他們若是沒看到我的那個好朋友，就會來詢問我怎麼沒和她在一起呢？這樣同進同出的日子經過了一年來到了大二，她對我變得冷淡，不理不睬，冷熱無常的變化讓我感到錯愕。我開始也對生活沉默以對了。

「我曾試著找其他同學，可是心中總是存在著隔閡，擔心著會不會不久又被嫌棄？上班後我不知如何和同事相處，時常擔心別人會不會覺得我說話很乏味？會不會嫌棄我？」

珍枚幾個階段的故事對我而言是一個大寶藏，每一處都充滿我對這個人的好奇，只不過我需要更精確的切入點，才能把具體的圖像帶進來，給予珍枚對話的體驗感。

於是我把鏡頭再度聚焦。

「珍枚，你提到了三段求學過程時與好朋友從親暱到疏離的過程，你心裡覺得，這三段歷程，哪一段是對你衝擊最大、最令你難忘的？」

這個問句是為了聚焦珍枚的事件，因為她在敘述時總共說了三個不同的事件，如果要一次探索三起事件會花費比較多的時間，感受也會發散。在這裡如果能夠稍微聚焦在某個時間或某個場景，有助於我們接下來的探索。

「我覺得是第二段在高中時候的經歷，因為我明顯感覺到被拋棄。」珍枚回應。

「高中的經歷讓你衝擊最大呀！還記得是高中幾年級嗎？」我問。

在第二段高中經歷裡，我又再度把鏡頭對準了某一個特定的時間點。

「高中二年級時。我們那時候都住校，兩人常常一起上下課，一起吃晚餐，也一起去晚自習。」珍枚答。

「和你的好同學一起做這麼多的事情，你開心嗎？」我問。

珍枚回答的事件仍然不是很具體，但我選擇先詢問她當時的感受，這也就是我第五章提到的「開門」。

「應該是很開心吧！」

「還記得你們一起做過什麼開心的事嗎？」

我從感受裡試圖找到一點畫面。

「很多呀，例如我們下了課會一起去自助餐店包便當，有時候她忘記帶錢，我先幫她付，我覺得我們感情很好。」珍枚臉上露出一點靦腆的笑容。

「珍枚，那一段開心的時間你印象深刻嗎？」

「很深刻。」

「那你還記得當時同學來對你說，她不想和你好了，那大概是什麼時候嗎？」

我從開心的場景換場到讓她有衝擊的畫面。

「是高二下學期的時候。」

「她單獨來告訴你嗎？還是旁邊有別人？」

「是有一天放學後回寢室，她來跟我說的。」

「寢室只有她和你在嗎？還有其他人嗎？」

「對，當時只有我們兩個。」

「她是怎麼說的，你還記得嗎？」

「她說，我跟小琪和好了，之前和你走得比較近是因為她惹我生氣，我也想要氣氣她。現在我跟她和好了，就不會和你一起去吃晚餐了。」珍枚說到這裡語帶顫抖。

「珍枚，當她這樣說，你有什麼感覺？」

「我很傷心，很難過，難道我做錯了什麼嗎？」珍枚眼淚簌簌流下，身體也跟著開始抖動。

我在她談到這一段時等待了一下，並不急著安慰或是打斷，因為她的腦袋與身體正在重新經驗當時的感受，如果想要讓她的腦神經迴路重新塑造，就必須讓她充分的經驗當時的感受。

「珍枚，我請你做一個深呼吸，去把注意力放在你身體的抖動上，去感覺這個抖動的存在。」我運用語言引導，讓珍枚了解事件衝擊與身體反應之間的關聯，讓她可以熟悉身體的反射動作，逐漸適應身體的發抖。

「珍枚，再做一個深呼吸，覺察一下，你剛剛說同學來向你提要分開時，你內在有難過，感覺一下那個難過。」我希望珍枚聚焦在感受上，漸漸放掉我們的思考，讓感受進來。

在珍枚經歷了幾波淚水並適應了身體的發抖後，我才在這裡繼續探索。我的示範在這裡還是偏向諮商語言，如果是平常的對話，我們只要告訴對方「沒關係，我在這裡陪你。我會等你。」諸如此類的話語就可以了。

「珍枚，請你告訴我，這樣的經驗，對於你往後的交友會產生影響嗎？」

珍枚緩了幾口氣回答：「影響很大，我現在很害怕與人交心，深怕再度經歷失去朋友的感覺。」

「你想要有知心的朋友嗎？」我問。

我在這裡準備要確立珍枚的目標，這樣才能帶領她看到自身的資源，走到她想走的地方。期間的過程自然是反覆確認珍枚的意願並看見她在這些過程中擁有的資源。

這個談話從感受開門，我同樣在最後以渴望關門，只要她能看見自己的價值，願意接納自己失敗時的挫折，她就不會在同樣一個痛點一直原地打轉了。

當我們在進行對話時，可以先在細節處多做探索，比如詢問事件發生的具體時間、地點、現場是否有其他人、事件發生時現場的環境描述、當時對話的細節等。這些都是在還原事件衝擊時的面貌，幫助我們進入到當事人的事發現場，有助於我們同理對方，也讓當事人打開塵封已久的記憶，讓神經元重新整合，建立一條新的路徑，也在當事人的潛意識裡注入一個新的想法，一個新的啟發。

在細節處著墨，猶如電影鏡頭不斷聚焦在一些令人有體驗感的地方，也讓對話的帶領者更清晰的看見事件衝擊下的細微處，那些細微處通常也是人習慣性遺忘但卻在潛意識裡不斷發酵的地方。在薩提爾模式常做的家庭重塑裡，我們經常也可以看見這樣的細節探索。雕塑者會把當事人的家庭關係或是朋友關係搞清楚，然後請臺下的夥伴上臺扮演關鍵角色，這同樣也是讓當事人重新經驗當時的場景，輔以當事人印象中的對話脈絡，如此便可以從第三者的角度很清楚的看見當時自己所處的情境，以及自己忽略掉的資源。

附帶一提的是，細節操作有的時候需要比較謹慎，不要落入八卦探詢或是在重大衝擊事件裡頭貿然進行，不適當的探索也有可能引發二度創傷，造成不必要的困擾。

家人、同事或朋友遇到困擾想要談心時，記得別很快速的給出答案，至少能夠讓對方做多一點敘述，我們在細節處多一點探索，即便最終我們僅能做到陪伴，這也是一個堅強的支援了。

多點觀察，少點評論

很多人都知道，我們要避免過多的主觀判斷，要盡量客觀，但因為我們生活裡的慣性，我們的語言裡其實充斥了很多主觀的判斷也不自知。

馬歇爾．盧森堡博士（Marshall B. Rosenberg）在《非暴力溝通》（*Life-Enriching Education*）一書裡提到「非暴力溝通的第一要素是觀察。」「將觀察和評論混為一談，人們將傾向於聽到批評，甚至會產生逆反心理。」

陳述客觀事實，把見到與聽到的直觀現象「Facts」陳述出來，不帶有自己個人判斷的意涵，這是一種觀察，而不是評論。只要是帶著主觀解讀的語句就會傾向於非暴力溝通裡談到的「評論」，而這樣的語句通常會導致溝通時的干擾，聽話的一方就會有反駁的空間，徒增溝通障礙。

過去我在臺灣工作時，曾與同事發生口角。

事情經過是這樣，當時我的頂頭上司是事業部協理輝文，我們這個事業部裡有我與另外一位業務經理艾咪，我們各自帶著幾個下屬跑客戶。某天她去向協理投訴我搶了她部門一名得力的業務助理。

艾咪拉著協理到會議室，強烈要求協理把我叫進去評評理。協理只好撥了通電話給我，請我到會議室聊一聊。

當我走進會議室，看見艾咪頭甩到一邊，不願意見到我的樣子，而輝文則是尷尬的請我坐下。

沒過一會兒，艾咪開口了。

「既然 Charles 來了，我們就打開天窗說亮話。」

艾咪接著說：「輝文，Charles 把我的業務助理給搶走了，這件事請你仲裁一下，我希望得到一個合理的說明。」

艾咪盛勢凌人，雖然輝文位階比較高，但要是外人來看，可能還會以為兩人的從屬關係是顛倒過來的。

我說：「艾咪，我要先聲明，不是我搶你部門的人，而是你部門的人不想跟你工作，徵求我的意見是否可以加入我的部門，我跟她說這是沒問題的，不過還是要知會艾咪一下。」

艾咪：「知會？你什麼時候知會過我了？她已經在幫你工作了，你知道嗎？」

我說：「我請小黛知會你，我怎麼知道她沒有，這不能怪我吧！」

艾咪：「怎麼不能怪你，你也要懂得分寸。難道你可以隨便搶人嗎？如果哪一天我也搶了你的人，你會高興嗎？」艾咪馬上提高音量想要和我辯論。

我說：「你要搞清楚狀況，今天是小黛不想跟著你工作，你自己要檢討一下人家為什麼要離開你的部門，而不是來向我興師問罪，還找輝文來告狀。」我也加大了音量，毫不客氣的反駁。

艾咪：「輝文，你看 Charles 多不講理，他根本不懂我們公司業務型態，現在只想找我部門的人來支援他，我好不容易培養了一批人才，現在他竟然不知廉恥的搶人，還反過來嗆聲。」

艾咪邊說還大力敲打桌面，對著我大聲斥責。

輝文顯然不知道怎麼處理兩個部門經理之間的衝突，只想當和事佬般叫兩邊都熄火。當時我也是一身怒火，只跳針似的叫艾咪對她的無理向我道歉。

那時候的我也不懂對話真正的溝通不是在於語言上的辯論，而是在於我如何先應對自己內在的衝擊。彼時我只覺得我不能屈居下風，一定要力爭到底。當然，這樣的結果搞得兩敗俱傷。

艾咪一開始就宣稱我把她部門的人「搶走」，這很明顯是她主觀上的解讀，在我的主觀判斷上，「搶人」是不存在的事實，我主張是小黛自己來「投靠」我的部門，不過我的觀點同樣得不到艾咪的認同。

艾咪在爭執的過程中，認為我「不懂公司的業務型態」，這在我的看法裡當然不能認同，這是她自己的主觀判斷，而非我可以同意的事實。

從這樣的事件裡可以見得，當我們抱持自己的觀點，而努力的想要捍衛觀點，在主觀認定上不斷的予以「評論」，最終導致的結果也只能以衝突收場。這不但無益於溝通，更傷害了彼此之間的情感。

那要怎樣才算是描述客觀事實呢？

如果艾咪當時說的是：「小黛來告訴我，她要過去 Charles 的部門工作。」這樣一句陳述現實的句子，我也很難反駁，因為這確實是她聽到的事實。由此可知，陳述客觀事實在溝通時扮演了很重要的角色，這為連結彼此帶來了很重要的基礎，在對話時減少了衝突的空間，也讓人聽起來不會有很強烈的指責意味。

現在我們遇到的問題是，我們經常自以為講出來的話語很客觀，但是在別人耳朵裡聽起來就不是那麼客觀了。

「我到底要唸你幾次，你怎麼每天上班都遲到？」這是經理們可能會經常慣用的語句。我常常拿來在課堂上請學員們判斷一下，這是客觀事實還是主觀的認定。學習過後的夥伴們大多知道這句話帶有主觀解讀，若是員工聽在耳裡，應該不太舒服。當然，這也跟句子裡帶來的指責姿態有關。

我經常提醒學員夥伴們，從很簡單的一個法則來分辨，就可以判斷是否是主觀評論的句子。通常主觀評論的句子很容易會遭致反駁，若是客觀事實的句子，你就很難從中找到反駁的點。

以前文經理慣用的句子來說：「你怎麼每天上班都遲到？」聽在員工的耳裡，心裡可能會反駁說：「我哪有每天都遲到！」「我這週才遲到兩次呀，哪有『每天』？」

可以見得「每天都遲到」不是一個事實，這是一個在經理主觀認定裡，為了強調員工不在經理期待的時間點上班的一種說法。因為有了主觀的判斷，這樣的話語就失去了客觀，員工聽到這樣的語言後難免會心裡頭不信服，更有甚者會頂撞兩句，這樣也只是徒增雙方之間的不信任感。

近年來量子力學被心理學界廣泛討論與應用，其實量子理論是透過觀察微觀物質的物理現象而衍生出來。這一百年來除了愛因斯坦相對論解釋了物理學界很多的謎團，科學家也紛紛對於量子力學展開各式各樣的實驗。

這其中最令人嘖嘖稱奇的是微觀世界的坍縮現象，或者說是「觀察者效應」（Observer Effect）。這是源自於物理學的雙縫實驗，科學家發現「觀察」行為改變了電子在通過小孔時的行為，當電子沒有被觀察時，它們表現為粒子和波；當存在觀察時，它們只能表現為粒子。

簡單來說，在微觀世界的實驗裡，當我觀察你，你就會被影響而出現，當我不觀察你，你就不會出現。

這也就意味著，我們的世界存在著一種可能，當我們的意識產生波動，物質就會開始被影響，這個宇宙開始流動。正所謂「這個世界是意識創造而成」，只要意識上存有，那麼這個世界就會朝我們意識的方向坍縮，形成一個我們預想的現實。

這說明著，這世界其實沒有「客觀的事實」，而是存在著一種由主觀意識形成的宇宙觀。既然如此，我們在這裡談到的客觀事實的描述，只意味著「相對客觀」，而非絕對客觀。大抵多數人都同意的現象，我們可以歸類成相對客觀的事實。否則，當我說你穿著 T 恤，你說那不叫 T 恤，我們就很難在同一個認知的平臺交會了。

既然有了一個基本的規則，接著我們就可以在對話裡避免掉不必要的主觀解讀，而是多採用客觀的陳述方式。

但這個規則只是一種原則，並不代表我們都不能講述主觀的判斷，我們可以在多方陳述客觀的要件之後，若有自己個人的主觀認定，放到比較後面再來解釋，會比一開始就下判斷來得更好。

我經常在工作坊現場請學員們分組討論幾個句子，看看他們是否可以分辨出哪一種句子是客觀陳述、哪一種是主觀判斷。我在這裡列舉幾個句子，讀者不妨也自己嘗試一下。

1 美國總統川普（Donald Trump）演說的時候，激動的告訴支持者，請大家攻入國會山莊。

2 臺灣疫情指揮中心有效的遏止新冠肺炎病毒在臺灣擴散。
3 薩提爾模式以冰山架構做隱喻，治療信念是「改變是有可能的」。
4 臺灣衛福部表示，美國豬瘦肉精含量符合國際標準，請國人安心。
5 昨天早上我們上課時，外面下雨了，來的同學占全班三分之二，我評估是塞車的影響。

第一個句子很明顯在「激動的」三個字時就帶有主觀的意識在裡面，有些人或許會主觀判斷川普總統是很篤定的、沉穩的告訴他的支持者，他一點也不激動呀。所以對於演說時的樣貌做出的形容每個人或有不同，很難成為一個客觀的事實。

第二個句子同樣的在「有效的」三個字上帶有主觀的判斷。當然我們知道臺灣在新冠肺炎疫情開始時，確實是世界防疫的模範生，但在後來疫情大規模爆發之後也受到很多的批評。姑且不論防疫是否成功，這個句子本身就是主觀的論述。

第三個句子比較客觀的陳述薩提爾模式的冰山架構，也講述薩提爾女士的治療信念「改變是有可能的」。你可能會認為最後這一句話很主觀啊，但因為這是在陳述薩提爾女士的信念，所以整個句子還算是屬於客觀陳述的。

第四個句子同樣在一開始做了一個「轉述」的手法，當我在轉述這一件事時，我是客觀的陳述。至於陳述裡面的內容或有主觀的判斷，那不是因為「我」不客觀所產生的問題。這整個句子是偏向客觀的陳述。

最後一個句子在最前面做了一個客觀的描述，在最後面提到「我評估」是塞車的影響這一個子句雖然帶有主觀解讀，但做為一個有客觀基礎的判斷來說，整個句子還是偏向客觀的論述。

這個句子是《非暴力溝通》這本書的例句，在閱讀時我一開始也不太能理解為什麼這樣的句型可以叫做客觀，但隨著吸收更多範例與經驗之後，我慢慢可以理解這就是溝通的一種方式，在有客觀細節的支持之下，我們是可以根據這樣的依據做出自己判斷的。每個人本來就會有自己的解讀或評判，但在做出論斷之前最好把客觀的脈絡先交代好，比較不會遭致不必要的攻擊。

聚焦正向，看見歷程

有一個小故事是這樣的。

在一個家長會上，老師在黑板上寫了四個算術題。前面三個算式都是正確的，最後面一個算式寫錯了。家長紛紛指正老師「你寫錯了一題」。老師轉過身來，慢慢的說道：「是的，大家都看得很清楚，這題是算錯了。可是前面我算對了三道題，為什麼沒有人誇獎我，而是只看到我算錯的這一道題呢？」

老師接著意味深長的說：「教育的真諦不在發現孩子錯誤之處，而是賞識他們做得對的地方！」

我有一個親戚小季在美國舊金山灣區開了一間牙醫診所，這個親戚自己是牙醫師，他定期進修，看診十分用心，他把診間弄得明亮、有活力。我去到他的診所裡面就會感覺到放心，而他聘請的潔牙師和護理人員也都相當親切。我很喜歡到他的診所去洗牙，每次躺在那個病椅上抬頭就可以看到電視螢幕，自己能選擇想要看的頻道，潔牙師洗牙特別仔細，除了每一顆牙齒都裡裡外外清潔一遍，最後還明顯的感受到三十二顆牙齒，每一顆都被打磨、拋光，然後還用牙線清理了每一個齒縫。

有一次小季的岳父到美國探親，小季也帶岳父去參觀他的診所，岳父不斷稱讚這個女婿非常能幹，把這個診所打理得有條有理。看起來岳父對這個女婿經營的診所事業很是滿意。

美國有一個流行的 App 叫做 Yelp，它專門讓人針對餐廳、門市、各式經營項目評分留言，我也很常使用這個 App 來找需要的餐廳或服務。小季趁機請岳父有空時也在 Yelp 上面幫他的診所評分，衝衝人氣。岳父欣然答應了。

小季告訴我：「我請岳父在 Yelp 上評分寫評語。」

「結果呢？」我很好奇他岳父怎麼評價女婿的診所。

「他竟然只給三顆星！人家滿分五顆星，他只給三顆星，害我整體評分下降。」

「哈哈，這樣啊，你有問岳父為什麼只給三顆星嗎？你不是說他也覺得診所弄得不錯嗎？」

「我有問他啊，結果他回答：診所是不錯啦，但總有進步的空間啊，給三顆星不錯了啦！我聽了快暈倒。」

小季在美國長大，算是個道地的美國人，所以對於這個評分的期待可能和亞洲人不盡相同。在 Yelp 上一般如果是還不錯的商家，美國人似乎都樂於給到五顆星滿分的評分，所以小季的診所也基本上都至少有四點五顆星的評價，五顆星的評價也是很多。岳父給分的標準想必和小季的期待有落差。

這讓我想到有一次和岳父上館子，一家人在桃園一間還不錯的客家餐廳用餐。席間我們點了家常料理，每一道菜都各具特色，大家也吃得讚不絕口。岳父特別提到餐廳整體的氛圍很好，服務人員也很親切，這一頓飯吃得甚是滿意。

一家人走出餐廳之後，我便跟岳父問起他對這間餐廳的看法，若是零到一百分，他會給予這家餐廳幾分？

岳父認真的思考了一下，說：「我給這家餐廳打八十分。」

「八十分哦，那爸爸有吃過一百分的餐廳嗎？」我除了確認岳父打的這個分數以外，也好奇他對於滿分的印象為何。

「不可能一百分啊！」岳父斬釘截鐵的告訴我。

「是嗎？那爸爸目前去過的所有餐廳，給過最高的分數是幾分？」我不死心，想要知道在他的經驗裡，餐廳能夠達到他心目中那個登頂位置的大概在什麼程度。

岳父思考了好一陣子，才回說：「吃過最好的餐廳應該差不多就是八十分吧！」

原來在岳父的經驗裡，能突破八十分、達到滿分一百分不是一件容易的事。我接著問：「剛剛在餐廳裡，爸爸不是覺得餐廳的服務不錯，上菜節奏很好，菜也很好吃嗎？這樣沒有辦法達到滿分，是嗎？」

他想了想之後告訴我：「整體而言是都不錯啦，但總是有進步的空間嘛，不可能完美啊！他們如果價格便宜一點，或是環境弄得更高級一點就更好了，不可能有百分之百完美的。」

在你的心中有沒有吃過滿分的餐廳呢？如果有一間餐廳你吃完以後感覺不錯，你會評價幾分呢？

有一年我到美國出差，跟美國同事泰瑞相約在一家餐廳見面。他在餐廳裡用餐，我下了飛機之後直接去餐廳找他。

我到了餐廳以後，泰瑞剛好吃完飯正準備結帳。他從口袋拿出三十美元放桌上，我瞥見帳單金額大概十七塊多，沒想到泰瑞對服務生說：「這裡是三十美元，剩下的是小費。」

以前對美國人給小費的概念是聽別人說的，以為只要給到帳單百分之十到十五就可以，我每次給小費時還心不甘情不願，覺得沒怎麼被服務到還要多給這些錢，這個文化真的不是太合理。

看到泰瑞這麼大方，引起了我莫大的好奇。

「我看你吃一頓飯不到二十美元耶，怎麼會給這麼多小費？」我忍不住想向泰瑞求證一下，美國人對於小費文化是怎麼想的。

「我對這家餐廳很滿意啊，沒有什麼可以抱怨的。他們的食物好吃，服務態度也好，其他方面也都很好啊！給小費是代表我對他們的感謝之意。」

後來我演講時經常會講述這一段小故事，並且以先前提到跟岳父上餐廳的故事做對比。你會發現很有趣的現象是，華人對於人或事物通常喜歡用「減分」的做法。比如說，我岳父覺得「價格不夠便宜」扣一分、「環境不夠高級」再扣一分。而西方人的看法則是，「食物好吃」加一分、「服務態度好」再加一分。

這樣的思維之下，華人很容易就會把分數往下扣，認為凡事總有進步的空間，人不可能做到完美。

而西方人慣於加分的思維就會不斷往上累加，一下子就會得到一個滿足點。因此你要是去觀察像是 Yelp 這樣的評分機制，在國外很容易看到有滿分五分的餐廳或服務，在華人社群裡，滿分的情況就比較少見。

「永遠還有進步的空間」是不是也存在於你的思維裡？有沒有想過這樣的觀點是從哪裡來的，過去家裡的大人是不是經常就這樣看你？小時候要是數學考了八十分，大人是怎麼跟你說的呢？

以結果論做為評斷一個人的標準時，我們就會陷入這樣的思考邏輯裡：「我還是不夠好。」「可以再進步一點就好了。」這樣的思考方式並不是我們現在才有的，而是從小長輩在言語中教導我們，在學校裡面老師如此看待我們。

在過去華人的教育方式可能是為了時刻激勵孩子不要因為一點點成就而自滿，所以即便孩子已經做得不錯了，也還是會告誡孩子這樣是不夠的，要繼續努力。這個觀點一旦成形，遇到挫折時就更容易自我批判了。

人的觀點一旦成形，對於很多事物就會直接下評論，很難用一個客觀的角度去綜觀全局。我們可以練習先不要對任何事做出自己的評斷，先嘗試這麼做：

- 傾聽對方講述一個完整的事件。
- 核對事件發生的關鍵點。
- 透過鏡頭聚焦，看見當事人在事件裡的行為、感受、觀點與期待。
- 勾勒出歷程裡的轉折點，發展當事人在歷程裡投入的過程。
- 回饋過程裡的資源給當事人，讓對方看見自己的正向。

對話帶領者可以運用「發展差異」的方式去讓當事人看到自身的資源，不需要刻意讚美「你好厲害」、「好棒」、「你是個這麼努力的孩子」等用主觀評論話語，因為這都比不上讓當事人看見自己的獨特性與堅毅力來的有效。可以運用的語言諸如：

「你怎麼會想要這麼做？」

「你是怎麼走過來的？」

「當時你是怎麼思考的，怎麼會這麼做？」

「經過了這麼久，你是怎麼堅持下來的？」

如果你看到一個同事在時間內完成了你交辦的工作，不要只是稱讚「太棒了」，可以試著問他：「你這次準時完成工作耶，你做了什麼不一樣的準備嗎？」如果對方回答：「也沒什麼啦，就是先做了一個甘特圖確認自己的時程而已。」你可以繼續提問：「做了甘特圖喔，怎麼會突然這次要特別做甘特圖來輔助？」

這樣的話語引導有助於當事人去思考，在每個不一樣的轉折處發現自己的差異，可以增加我們對他人的理解，對方也會在遭遇挫折時找到那些支撐自己的資源到底是什麼，自己是否值得被看見。

以成長型思維取代固定型思維

我在工作坊裡帶領對話練習，發掘正向資源一直是很重要的區塊。如同前面提到，如果我們從以前就訓練成「減分」思維，那麼我們在觀點上就踩在一個「不可能完美」的制高點上，也就不容易看見一個人真正的資源了。

我們可以做一個小小的對話練習，看看平常自己是怎樣應對的？

假設有個下屬來對你說：

「經理，我這次的業績達標了耶！」你會怎麼回應？

你的回應是不是「達標了唷，你真的很棒」？

如果員工告訴你：

「經理，我這次的業績達標了八成。」你又會怎麼回應？你的回應是不是「不錯哦，下次達標就好，加油」？

如果員工告訴你：

「經理，我這次業績掛鴨蛋。」你的回應又是什麼？你會告訴他「你怎麼跑客戶的，怎麼會什麼業績都沒有，下次多努力吧」嗎？

上面這幾個回應基本上都是圍繞在「結果論」上來工作，如果我們從小到大受到的訓練就是「一切看結果」，我們就很難跳脫二元思維，非黑即白的觀點就會時不時來影響我們的應對。其實我們受到的教育裡，還有一個部分也是告訴我們要看重一個人的努力。在努力的過程裡，我們才能真正體驗到資源與一個人的價值。

改變既有的用語，你可以這樣說：

「達標了喔，你這次有做了什麼不一樣的事嗎？」

「達標了八成呀，跟上一次一樣嗎？哪些地方做的是不同的？」

「業績鴨蛋呀？你有針對業績做了哪些事嗎？」

這些都是側重在「過程」的提問。

在學習對話的過程裡，我們可以嘗試先用「加分」的思維，先找到一個人的正向，並且不對結果做出評價，才有可能進一步貼近他人。當然，這個習慣若是養成，對自己也會看重正向資源以及努力的過程，不會用自責來評價自己。

美國史丹佛大學心理學教授卡蘿．杜維克（Carol Dweck）針對成功與失敗的人做了大量研究，發現成功人士之所以異於失敗的人，一個很大因素是內在的心理素質。

她研究發現，有兩種可以使孩子創造出不同世界的思維模式——成長型思維模式（Growth Mindset）和固定型思維模式（Fixed Mindset）。這兩種思維模式在一個人的童年期和成年期逐步顯現出來，並在培養孩子潛能等諸多方面起完全不同的作用。

來看一下「固定型思維」與「成長型思維」兩者的差異。

擁有固定型思維的人認為，智力和才能是與生俱來的，是固定不變的。他們還認為，如果你聰明又有才幹，你可以不用努力就獲得成功；如果你失敗了，那就說明你並不聰明，努力也無法改變這一現實，所以他們選擇不努力，也就離成功愈來愈遠。

擁有成長型思維的人認為，智力是可塑的，可以透過教育和努力提高。他們用樂觀積極的態度去面對各種問題、困難和挑戰。擁有成長型思維的孩子做事不易放棄，更能從過程中享受到樂趣，更容易尋求幫助，更加堅毅，所以更易獲得成功。

成長型思維在對話時尤其重要，然而固定性思維的來由經常是受到我們過去的教育、經驗所影響而導致的。以薩提爾模式來說，冰山的形成是我們在原生家庭裡、在學校教育裡就慢慢形塑而成，在水平面下頭有一個「觀點」的層次，它時常會是框架我們的規條，也會是限縮我們全力以赴的羈絆，但反過來說，觀點也會是讓我們大腦快速運行，與社會接軌的慣例與法則。

如果我們的生長環境裡，家庭、學校、社會教育經常偏重「結果」，我們的內在就會對「失敗」有一個看法，不允許自己犯錯，不斷的用「自責」干擾自己。

卡蘿．杜維克認為我們在語言上做一點修正就可以逐漸改變這個思維。例如：

- 「你說的我聽不懂啦」改成「我還沒理解你的意思，你的意思是？」。

- 「我不想再失敗了」改成「我還在嘗試，我只是還沒成功而已」。
- 「這個太困難了」改成「我需要再多投入一點時間跟努力再嘗試」。
- 「這我不會」改成「我會多了解一下」。

純粹對結果的讚美會導致一個問題，人的內在會認為成功才是唯一價值，因為其他時候做不好也不會得到讚美。這樣的內在思維經常會擾動著我們，即便我們付出了很多努力，在遇到挫敗的時候還不忘往自己胸口插上一刀告訴自己：「我就是這麼的爛。」這實在無助於我們直面困難、克服挑戰。漸漸在語言上做一點修正，也有助於強化我們內在的力量，凡事沒有失敗，只有「我還在路上，只是還沒到目標而已」。

刺激與回應間留白

到美國開始工作前，我花了些時間找尋租房訊息。後來在聖荷西（San Jose）找到一間較為滿意的公寓，是一房一廳的格局，房租每個月三千美元。

結果第一年合約即將到期之時，房東續約前就通知我，第二年開始要漲價多三百美元，我直呼太貴，興起自己買房的念頭。

我以北聖荷西為中心點向外輻射式的找房，一路看到山景城（Mountain View）、庫柏蒂諾（Cupertino）、聖塔克拉拉（Santa Clara）、米爾皮塔斯（Milpitas）到佛利蒙（Fremont），我發現這些要出售的房子皆打理得很乾淨，而且都布置的極有特色。

後來我才知道，在美國，很多房子在託售時，仲介通常會請布置公司（Staging Company）來做現場整理跟擺設，把出售的房子弄得和樣品屋一樣讓人參觀。

很多布置過的託售房子都有一個特點，客廳與餐廳很會利用留白的空間。

不像是多數臺灣的裝潢或布置，許多美國託售的房子會在空間的某一隅擺上一個亮眼的家具，其他地方完全留白，整體布局看起來特別清爽，不會有桌椅跟櫥櫃附著在空間四個角落的感覺。西方人有時甚至沙發也會斜放在客廳中間，不靠任何牆壁，展現出悠閒的氛圍。

這是留白的美。

我經常在帶領對話時提醒學員們要時刻提醒自己，要能夠保有「留白」的美。

很多人習慣講話時劈里啪啦、滔滔不絕的陳述，又或有的人不習慣在對話的過程裡空白太久，彷彿是空氣凍結，全身冷颼颼，十分尷尬。

其實多一點覺察自己的內在，去感受每個留白的片刻是否有任何不安、尷尬或緊張的狀態，試著去接納這個感受，我們也可以學習著如何享受這個空白的美感。

甚至，有時我們需要特意製造這個「留白」，讓對話的雙方可以多一點餘裕經驗自己的內在，這也是拉近關係的精心時刻。

嘴不停歇的說話只會讓人的意識停留在大腦的層次，在我們身體的感官或是內在出現的訊號則會被掩蓋，而留白則是刻意跳脫大腦既有的框架，漸漸的一些隱而未見的東西會逐步浮出檯面。

留白時刻是我們探索彼此的黃金時段，許多被忽略的想法與感受會在此時迸出。

前面提到與珍枚談話的時候，當我在探索她感受的時候，她的身體有了震盪，這個時候我會刻意停留在那個場景裡，除了可以讓珍枚的身體與感受重新進入畫面，我也可以趁機經驗自己的感受，去呼應身體的「三十一種味道」。

急著回應，是我們的慣性；刻意留白，是我們可以選擇中止慣性的做法。

二十世紀初著名的奧地利精神醫學家維克多・法蘭克（Viktor E. Frankl）認為人最主要的動力並非追求快樂（這是佛洛伊德〔Sigmund Freud〕主張的），而是發現生命的意義，他的著作提到「人在任何處境中都有選擇自己態度的自由」。他認為我們可以在接收到刺激時保有一個回應的空間，在這個空間裡我們可以選擇回應的方式。

我以為這是個很好的借鏡，提醒了我在受到任何刺激時都要透過深呼吸來戒斷自己的慣性反應，讓我們在回應前把思緒釐清，布置出一大片留白的空間。

對團隊傳遞訊息

人與人的關係總是錯綜複雜，面對上司或部屬時總是因為想要追求效率而忽略了對人的關懷，但所謂的「追求效率」並不會給我們帶來更好的效能，反而大多數的時候會破壞了團隊的信任。

在公司文化裡，「信任」是由上而下逐步建立的，所以上級單位的開放與坦白會給下級單位帶來一定程度的信任。除了開誠布公，做一個主管可能也要能帶領團隊邁向清晰可視的目標。

帶領團隊有時可不是一對一的溝通這麼簡單。要帶領一群人走到一個目標，就得讓他們知道這個目標在哪，我們設立好的路線長什麼樣子，這必須時時和整體團隊溝通，帶給他們一個方向感。

在職場工作這麼多年，我學習到一件事，那就是要懂得提願景、說故事。

還記得二〇〇〇年臺灣總統大選的時候，陳水扁的競選口號就是「有夢最美、希望相隨」。川普在二〇一六年參與美國總統競選時的口號是「Make America Great Again」（讓美國再次偉大）。這些口號式的語句看似空洞，但確實能夠打動人心，帶動團隊的士氣。

我在二〇〇〇年初左右在臺灣從事軟體產業，除了幫客戶訂製開發軟體，也負責測試軟硬體設備。

公司老闆老喬是回國創業的美國華僑企業家，信奉基督教且彬彬有禮。當時我們公司內部郵件的官方語言都是以英文為主，長期在這個產業的關係，英文書信對我而言沒什麼隔閡感。只是有件事情讓我印象深刻，那就是老喬每個月都會公開發信給全體員工。信裡的內容不拘泥於業務報告，更像是一個團隊的大家長分享他的所見所聞，以及他對未來公司的走向與看法。

他分享的內容包括：

- 面對新的業務型態，公司未來的走向可以如何與新的業務結合。
- 公司季度營運狀況和上一季或去年度的差異，提示公司未來可以拓展的目標。
- 表揚或讚許某些員工，肯定團隊的表現。
- 開發新客戶後對業務的期許與目標。

老喬英文極好，除了學習到不一樣的漂亮英文用法，每次看到他的願景報告都讓我感覺到團隊目標是一致的，我們很清楚可以知道高層的想法與未來的方向，這使得我們這些員工的向心力可以大幅凝聚，也拉近了我們和高層之間的距離。

這樣的做法我到了北京的新公司後仍持續沿用。從我剛加入時的小團隊開始，我就不定期的發布訊息，以團隊領導人的角度分享未來的期許與目標，當然也讚許團隊每一次令人感動之處。

這樣的分享唯一要避免的是負面訊息。要知道團隊士氣的凝聚多是靠正面與積極的態度來相互連結，抨擊的文字與不必要的負面語言只會給團隊帶來傷害。我通常選擇的是強調團隊的努力過程，期許遇到困難時，透過討論、腦力激盪、向上升級等方式，找到可以改善的目標。我深知領導階層的傲慢經常會帶來底層員工的不滿與無奈。「將帥無能、累死三軍」也就罷了，口頭說嘴更是讓團隊受傷。

我在新公司實行的結果成效良好，許多同事也來向我反饋說以前都不知道高階主管心裡到底在想什麼，現在除了透過日常的開會報告，還可以有另一個管道知道管理階層的想法。而且這樣的想法分享很自然，員工們也不用抄筆記或是只想著做任何的Action Plan（行動計畫），而忽略了最重要的「團隊精神」。

除了公司內部需要給團隊願景，對於投資人而言，公司除了要定期發布財報，更要給投資人好的未來「故事」，讓投資人知道將來公司的發展目標與方向，一家沒有「故事」的公司，股票勢必會下挫，在沒有任何題材帶動的情況下，要投資大眾如何相信這家公司後續能夠有強大的動能呢？

雖然提出好的「故事」很重要，但千萬不能不切實際或者存心欺瞞，否則夢想愈大，泡沫破裂得也愈快。

伊莉莎白．霍姆斯（Elizabeth Holmes）十九歲那年就從史丹佛大學輟學，在矽谷創辦了科技公司Theranos，連美國總統和前國務卿都來為她站臺，她推出的一款「革命性驗血設備」，號稱藉由指尖採血就能完成三百多項血液檢測項目。公司市值最高來到九十億美元，媒體爭相報導這位科技界的傳奇女子，並且把霍姆斯形容成女版的賈伯斯（Steve Jobs）。霍姆斯曾說：「矽谷是一個科技界擁有破壞性創新的產地，要嘛會出現一個『改變世界』的科技產物，要嘛就是被淘汰。」而這個「改變世界」的說法曾經一度讓矽谷科技界與媒體競相吹捧。

只不過霍姆斯口中的破壞式創新言過其實，她不斷透過一連串的假數據及謊言來為自己的產品背書，結果燒光十四億美元的融資，也被踢爆這是一個世紀大騙局。

美好的願景必須建立在誠信的基礎之上，好的故事帶給人無限的想像，而且同時也是團隊進步的動力，只是切記前車之鑑，誇大不實的後果不僅毀名壞譽，還有可能官司纏身。

誠信本身就是一致性的基礎，想要帶領一個團隊前進，領導者的誠信是一切的根本。有了誠信，勾勒好整體目標的藍圖，團隊就會看著這個目標一步一步跟著領導者向前進了。

7

連結渴望，跨越藩籬

同理思考，尊重他人自由

我從本書第一、二章就提到先覺察自己內在情緒的重要性，不要急著回應外在。自己的內在經歷過 SAGE 後，能夠接納自己了，再來回應外在的事件或人。

我在職場遇過的幾次挫折，大多和「人」有關。學習對話後才明白，只要我們內在像是練了《九陽真經》後呈現風平浪靜的狀態，「他強由他強，清風拂山岡；他橫任他橫，明月照大江」，我們就可以透過對話來貼近人。

接下來，我舉幾個自己在工作上的例子，說明如何貼近人的內在來連結渴望，化解棘手的問題。

設立界線並搬好臺階

學習對話不代表我們失去了自己的界線，我看到許多人在學習之後，姿態變得較為討好，以為不與人衝突就是好的溝通姿態，但失去界線的溝通往往為自己埋下更難以收拾的後果。

問題在於，該怎麼表達才能穩穩的站好自己的界線呢？

大約十幾年前我在北京工作時，客戶姍姍對我提出了一個需求，負責電商業務的她需要啟動一個新專案，亟需一個能懂開源架構 MySQL 的高階工程師，幫忙他們架構數據庫，姍姍希望我能幫她找到這樣的工程師。

按照慣例，收到了這樣的請求，我就會開始在公司內部找尋適合的人才，希望能夠盡量滿足客戶的需求。我所屬的事業群內部有個人才搜尋的機制，我發現同級部門裡有個資深工程師國龍，他正好結束了上一個專案，目前有空檔，他的資歷很完整也符合姍姍開出來的條件。不過，國龍的部門主管不大願意放人，所以我找上了事業群大老闆普哥協調。

普哥介入以後，答應讓我借調半年，讓國龍能夠到姍姍的公司支援一段時間，半年後歸建。

普哥特別強調，國龍真的只能借調六個月，否則他的客戶可就不願意放人了。

我把這個這個情況告訴了姍姍，並且強調國龍仍然屬於另一個客戶的專案小組，他僅能做短暫的支援，時間到了就一定得離開。姍姍面試過國龍後，很滿意的告訴我沒問題，她相信半年的時間也足夠了。

半年即將期滿，普哥果不其然找我要人了。

我轉而向姍姍提出，需要將國龍拉出專案，轉回原始的專案小組去。

「那不行，國龍在我這剛做了有起色，他不能走。」姍姍斷然拒絕。

「但之前我們說好了，他做半年就得回去，你也同意了。」我指出當時的約定。

「那是沒錯，可是他走了我怎麼辦，專案才剛啟動。你要是現在把他調走了，你在我這裡支援的人也都讓他們走吧，我去找你們競爭對手來。」姍姍音調逐漸升高，不滿的情緒溢於言表。

「姍姍，你先別著急，我回去再商量看看。」客戶感到不滿，我當時採取的手法是緩兵之計，選擇不在這個戰場上繼續殺戮，我擔心姍姍若是開始抽單，那辛辛苦苦經營的一個客戶就毀於一旦了。

當時姍姍這個客戶一年貢獻我們事業群三百萬美元的業績，得罪她確實對我沒什麼好處。那怎麼辦呢？

普哥在公司的位階比我高，何況我當初也承諾他了，這下可好了。我夾在頂頭上司與客戶之間左右為難，不知如何是好。

該怎麼樣謹守承諾，又不得罪客戶，我反覆思忖。

按照道理，讓國龍歸建是一條明白的界線，這是當初各方都同意的一條線，但現在這條線顯然在姍姍那一頭變了樣，她硬是要往她想要的方向拉動。

界線劃出後，如何堅持這個底線確實不是容易的事。不過這不代表界線是完全不能更動的，只是我們需要多方面的考量，才能夠擬出最適合的方法。

在這時候，守住界線是為了幫助自己立足，但為了這個界線我可能會付出代價。

這個界線的議題無處不在。

二〇二〇年開始新冠肺炎疫情肆虐，初期階段政府採取了必要的管制措施，例如禁止口罩出口、邊境嚴格管制等。這些措施的出發點都是為了保護國內的居民、降低一線醫療團隊的壓力。

我看到了好幾位心理師在社群媒體上也紛紛提出了「先照顧自己」的見解。從心理學的角度來看，如果自己都不能照顧好了，怎麼有可能、有力量去照顧他人？

我突然心裡有感，「先照顧自己」的這個思維絕對是正確的，我也常常拿坐飛機時的安全須知事項來解釋，一定要先戴好自己的氧氣罩，才去幫需要照顧的人戴。

但我看到網路上罵聲不斷，很多人批評政府的措施不人道、違反人性等等。這麼多人的反彈所為何來呢？

原來問題不是出在這個「先照顧自己」的道理，而是我們的表達。

不過道理看似簡單，光是表達自我這一目標有時候就很難做到了。在第四章提到一致性的表達包含了「在、表、關」三個區塊，若是無法表達自己，自然會被對方拖著跑，無法明確自己的界線。

回到多年前的場景，我與姍姍談完後，立刻去找普哥商量。

普哥說國龍是很重要的工程師，他在原本的專案小組裡深受客戶重視，這次勉為其難借調也是因為我的客戶同意在短時間內可以讓國龍轉回。原本一件美事，弄得兩個客戶都不爽，實在很不划算。普哥希望我能用盡所有方法讓國龍回去，他可以再調派其他合適的工程師支援姍姍。

我得到了普哥支援的背書，接下來要面對的就是怎麼跟姍姍溝通了。

礙於時間緊迫，我給姍姍打了電話。

「姍姍，我和主管溝通過了，國龍確實需要回到原本的專案小組。」我很坦誠的先劃出了這條線。

「你跟我說這做什麼，我已經說了，國龍現在不能走。他一走，我好不容易籌組起來的團隊就垮了。」姍姍仍然不讓步。

「我知道，當初你提到這個專案很重要。不過我現在有一個困難，國龍原本就是屬於別的客戶，是我好不容易把他借調出來。現在國龍回不去，我主管無法對他的客戶交代，但國龍一旦離開你的專案，你也會有困難。」我說。

「是這麼說沒錯啊！就別讓國龍回去了吧！」姍姍回應。

「我知道你的困難，但國龍還是得回來，怎麼辦？」我語氣放緩，試圖站在姍姍的位置和她一起思考。

「我說了，你如果讓他回去了，你在我這裡的幾個團隊我也會慢慢找你的競爭對手取代。」姍姍仍不願鬆口。

「我知道，你確實說過。不過國龍調回來勢在必行，我沒辦法向主管交代的話，自己的飯碗也保不住。但我有一個想法，我努力協調讓國龍多待兩週，我會在這幾天找到更合適的 MySQL 架構師來和國龍交接，讓國龍手把手的交給新的架構師。在你新專案穩定以前，這個架構師和管理費用我都吸收了，也讓你可以向上頭主管交代，你看這樣好不好？」我重新提議。

姍姍沉默不語。

「姍姍，我為了這件事折騰了半天，得罪了主管不說，還讓你難做，這是我始料未及的。我知道你不願意，但國龍調走之後，後續我保證會處理得妥妥當當，我會請專案經理小任每天向我匯報交接進度，不會讓你為難。」我很誠懇的請託。

姍姍思考了一下，「好吧，我看你也不好過。這樣吧，你三天內讓新人來接手，錢我會照付，只要專案順利推動，其他都好談。」

我沒想到最後姍姍終於鬆口，甚至也沒要求我補償，這使得我相當訝異。

在向姍姍坦承了我的困境後，我明確的告知國龍必須歸建的立場與界線，我告訴姍姍，讓國龍歸建是我對公司的承諾，這點我沒辦法改變，即便我被迫離職了，公司也不能失信於另一個客戶，但我可以承諾姍姍，她這個新啟動的專案我會優先處理，人員和設備都會銜接上，絕對不會讓專案失敗。

我想，在我自承脆弱與困境的時候，姍姍就逐漸鬆動了。

原來不是能不能守住界線、自我照顧的問題，而是我怎麼溫和的表達自己，並且在語句裡也能夠關照他人，釋出溫暖與關懷。

守住界線的溝通步驟可以這麼做。

1 傾聽對方的需求，先別急著把自己的界線劃出來。

2 探索對方若是無法滿足期待，他會有什麼感受。

3 站在對方的立場，同理他的處境。
4 提出自己的界線，並且詢問對方是否會為難。
5 針對界線，與對方站在一起共同討論最好的解決方案。

英國詩人約翰·多恩（John Donne）寫了一首詩，開頭就是「沒人是一座孤島」。

No man is an island entire of itself;
every man is a piece of the continent,
a part of the main;

每個人都是群體生活體系下的一部分，在群體生活裡，每個人都扮演著不可或缺的一部分。加州大學洛杉磯分校臨床心理學教授丹·西格爾（Dan Siegel）在一次學術對談裡提到，每個人其實從最原始都是和人連結在一起的。從精子與卵子結合開始，小生命就在媽媽的子宮內孕育而生，在媽媽的身體裡補充養分、呼吸、提供安全的環境，透過臍帶與媽媽身體產生連結。

等到小嬰兒出生後開始學習語言、學習走路，慢慢懂得開始自力更生，這個小小的獨立個體也逐漸培養出「分離」與「獨立」的能力。但這些能力其實都是為了更大的群體服務，因為唯有與群體產生好的連結，才能同時為個人帶來最大的好處，這包含生理上的需求以及心理上的需求。從依附理論來看，人與人之間若是保持「安全依附」是一種最好的人際關係型態。

但若我們從小到大透過學習而來的應對姿態存在著討好、指責、超理智、打岔等不健康的姿態，人與人之間的溝通經常造成誤解，這也破壞了人際間的「信任感」與「安全感」，關係裡存在著很多不確定因素以及焦慮感。

唯有我們保持覺知，這樣的情況才會逐漸改變。另一方面，我們可以時時刻刻提醒自己，每個人都是在群體大海裡具有功能的「橋梁」，切莫自斷橋基，這樣不但當下阻絕了溝通的管道，也傷害了未來溝通的可能。

以姍姍的例子來說，我知道公司內部需要我將國龍調回來到原本的專案去，可是姍姍怎麼說都不願意，倘若我只是緊守著這條界線，不做任何的退讓，那結局很有可能就是魚死網破，我不但得罪了姍姍這個客戶，耗損了幾百萬美元的生意，也可能連帶影響其他的業務發展。

所以在堅持界線之前，我還是試圖找到一些臺階，讓姍姍能夠順勢而下。其實你可以想見，我猜測當時姍姍說要撤掉我們所有的業務應該也是氣話，若是沒有一個好的臺階可以下來，她自然怎麼樣也圓不了場。這個時候搬臺階讓人下來就很重要了。我提出來讓國龍多支援幾週，而且吸收費用，讓姍姍有了緩頰的機會，她覺得受到了重視，自然也願意順著這個臺階下來了。

同樣的道理，若你處於一場衝突中，請時刻提醒自己要盱衡情勢，盡力為了連結他人，並且做好這個溝通的橋梁，搭建好能讓人下來的臺階。倘若是對方搬了臺階讓你下，也請記得下臺階時別在這個溝通基礎上言語諷刺或傷害。

劃清界線的同時，也請搬好臺階讓人下臺。

撇開觀點，找到正向資源才能連結渴望

雖然我們知道要練習多看見正向，但是當我們遇到和既有的觀點相牴觸的事件，發掘正向資源就會變得比較困難。因為這違反了我們自己內在對於既有的框架，還有對於「是非對錯」的看法。

某天工作坊裡的學員小雨來找我談話，她看起來不到三十歲，長相清秀，身材修長，看上去就是討人喜歡的女孩子。

「Charles，你有時間嗎？可以找你談一談嗎？」小雨雙手握拳，放在胸口前相互搓動，我感覺到她帶著一絲緊張。

「當然可以啊，小雨。你還好嗎？」我不等小雨提出問題，先釋出關懷的語句，代表我很重視她來與我談話的這個片刻。

「是還好啦，只是有一些疑問想要向你請教。」小雨繼續說道。

「好的，沒有問題。你的疑問是？」

「我最近遇到了一些困擾。我喜歡上一個人，他是我去其他單位支援認識的同事。我們之前相處融洽，可是他最近慢慢開始對我疏離，我知道他有他的困難，所以也沒有怪他。但是我覺得好痛苦，不知道該怎麼辦。」小雨娓娓道來，感覺她的胸口壓著大石頭，語調有點侷促。

「小雨，你要問我的是，該不該和他繼續嗎？」耐著好奇的性子，我先向小雨核對她遇到的困境。

「也不是，我知道不能和他繼續了……其實我也不知道我要的是什麼。」小雨訴說的故事讓我一頭霧水，不大確定她想表達的是什麼。

我思忖，如果小雨想要與這個男孩子繼續交往，那麼怎麼會說「不能和他繼續了」，如果她不想跟他交往，不是直接斷絕往來就好了嗎？反正男生已經慢慢疏離了，這當中的困難在哪呢？

我決定順著小雨描述的脈絡，繼續再問得更清楚一點，細節往往才是我們貼近一個人的關鍵。

「小雨，你說你不能和他繼續了，你的意思是？」

「呃……」小雨有點扭捏，她停頓了一下，好像很為難。

我安靜的看著小雨。

「那個男的有老婆啦，他還沒有和他老婆分手。」好不容易小雨迸出這一句話。

小雨很靦腆的看著我，似乎希望從我的表情裡看出一點端倪，是不是對她和有婦之夫交往有任何的評價。

我知道劈腿或婚外情在一般人的眼裡就是不可原諒，我雖然也不認同，但我並沒有什麼評論。

「你喜歡那個男的嗎？」我進一步追問小雨，想知道她對這段感情是否很認真。

「喜歡。」

「喜歡啊，那你怎麼會想要和他分手呢？」這裡我介入了好奇。

「嗯……我覺得這樣不大應該。我們一開始交往時，我不知道他已婚，後來我慢慢喜歡上他，他對我真的很好，時常對我噓寒問暖。」小雨繼續說道。

「後來他約我出去吃飯，也送我禮物，就和我男朋友一樣。我覺得很幸福。後來他才告訴我他已經結婚了，不過他和太太的感情不大好。」

「你既然和他在一起覺得幸福，怎麼又想要和他分手呢？」

小雨眼眶泛紅，說不出話來。我靜靜的陪在她身邊等待。

「Charles，我覺得好痛苦，怎麼辦才好？他告訴我他有老婆的時候，我都快要瘋掉了。他怎麼可以這樣，他怎麼可以在還有婚姻的情況之下和我交往？我自己也不好，明明知道他的婚姻關係還沒結束，就已經付出感情了。他對我真的很好，我也喜歡他，我真的不知道該怎麼辦。」

小雨眼淚撲簌撲簌的往下掉，兩腳支撐不住似的左右搖晃，嘴角不停抽動。我的解讀是，小雨很想控制住壓抑的情緒，導致全身都不停發抖。

感情上受挫折的經驗我也有過，戀愛中的男女遇到困境，那種椎心刺骨之痛旁人有的時候很難體會。

金庸武俠巨作《神鵰俠侶》裡有一段情節，楊過因為愛上了自己的師父小龍女遭受天下人非議，連郭靖的夫人黃蓉都想盡辦法要阻止楊過犯天下之大不韙，甚至願意把大女兒郭芙許配給楊過，讓楊過擺脫不倫師生戀的窘境。

楊過某日遇見了黃蓉的父親東邪黃藥師，他將這段不倫戀的情況告訴了黃藥師，也提到連他的女兒黃蓉都反對自己與小龍女的結合。黃藥師冷笑道：「她（黃蓉）自己得到她想要的愛情了，就不許他人也得到了，豈有此理。」

是啊！

如果有讀過《射鵰英雄傳》的讀者想必也不陌生，郭靖、黃蓉這一對亂世戀人從認識到結合的辛苦過程，一開始郭靖的師父江南七怪也是極力反對，而黃藥師也不看好。當年歷經波折才修成正果，黃蓉不是應該最能理解楊過嗎？

這和我們所處的位置有關，和我們的觀點有關。

如果你明白對話的訣竅，就不會很快的對一件事或一個人驟下評論，相反的，你會更著力於核對他在這個事件上的感受、觀點與期待，利用好奇開啟對方的覺知。

小雨陷入了一個難以解決的困境，身體隨著情緒衝擊不斷的發抖。

我引導小雨先做了深呼吸，讓她專注在自己的身體，讓身體能夠適應並且接受情緒引發的衝擊，而我只是先靜靜觀察與陪伴。

回應身體的感受可以把一個人拉回當下，不至於陷入腦袋建構的紛亂世界裡。

「小雨，再做一個深呼吸，你的身體還好嗎？」

「頭有點暈。」小雨回應。

「還有嗎？身體呢？胸口會悶嗎？」我繼續核對。

「胸口悶悶、手麻麻的，我的腳在發抖。」聽起來小雨逐一辨識了身體的感受。

這是靠近自己的第一步。

在小雨細細分辨身體的每個部位感受之後，我先不急著回答她一開始來找我的問題，只是一直引導她多做一點呼吸，覺知當下。

「小雨，深呼吸，現在你有什麼感覺？」我再次核對小雨的感受。

「現在比剛剛好多了，心裡覺得比較踏實。」

「那麼回到你剛剛提到的，你說和他在一起覺得幸福，怎麼會想分手？」

「我覺得這樣下去不行了。他慢慢疏離我之後我就很想他，他偶爾還會來找我，我會一直忍不住想和他出去，甚至和他過夜，但每次回家以後我都覺得罪惡感很重。我知道這樣不好。」小雨說。

「Charles，你會看不起我嗎？」小雨補了這一句。

看著小雨夾雜著多重的情緒，我知道這是最折磨她的部分，那就是道德感挾帶了大量的自責不停的鞭打著自己。體內有兩種聲音不斷打架，一邊告訴她愛情無價，她可以追求自己想要的愛情，另外一方面傳統道德、規範捆綁著她，兩方勢力拉扯、激盪，令人窒息。

「小雨，我問你。你愛他嗎？」我再確認一次。

「愛。」

「這個愛給你的感覺是什麼？」

「覺得快樂、溫暖、生命有意義。」

「小雨，這個感覺那麼真實，對嗎？如果這是你的感覺，我相信你值得擁有這樣的感覺，因為這也是你。」

原本眼淚稍停的小雨聽到這裡，眼眶像是開了水龍頭般湧出大量的淚水。

這個眼淚的背後同樣代表了身體發出的情緒密碼，我又請小雨核對了一次這個感覺，她覺察了之後告訴我，她感覺到被支持，身體有了力量。

「我對於你的感情沒有任何評價，我相信你自己會做出最好的決定。你如果決定離開這個男的，你會痛苦好一陣子；但你如果決定要和他在一起，你會遭受到很大的倫理非議，背負很大的壓力。兩個選擇都不容易，你如果做好承擔的決定，我覺得都是好的，只要你願意為自己的決定負責。」

小雨點點頭，然後低頭沉思。過了不久，抬起頭來看著我說道：「Charles，謝謝你，從來沒有人這樣跟我說過。我知道該怎麼做了。」

「你願意跟我說說你的決定嗎？」我問。

「嗯，我想要和他分手。」

「這樣可以嗎？你會很痛苦喔！」

「可以的，我決定了。」

「即便知道會這麼痛苦，你也願意這樣做，是嗎？」

「對，因為我還是不願意破壞別人家庭。」

「小雨，明知道這個決定會讓你心如刀割，你還願意如此做，可見得你有這個勇敢的資源，你會怎麼樣看待這樣的小雨？你會覺得她很勇敢嗎？」

「會，我覺得她很勇敢。」話語甫落，眼淚又順著鼻梁兩邊緩慢滑落。

最後我讓小雨再做一次深呼吸，覺察一下身體與內在的感受，引領著她靠近這樣的自己。核對小雨的狀態後，她覺得更加篤定與有力量了。

後來，某次工作坊裡我與一位夥伴討論到了這樣的案例，夥伴提問，難道我認可外遇或當別人小三是可以的嗎？

不是的。

很多人搞混了「自我負責」與「界線」的議題。

薩提爾女士有一個信念，她認為每個人最終目的是要提升自我價值、賦予個人能力，為自己做出選擇及負責、一致性的溝通。

當小雨提出她的困境，做為對話者可以做到的就是給予支持的力量，並且從困境進入細節看到她正向的資源。從對話導入覺知，讓當事人可以自己有力量面對她的困境。這個目標不在於改變當事人，而是貼近她並且帶入正向的力量讓她能自我負責。

退一步來說，道德的框架本身已經存在，不需要我來「教誨」小雨，否則她也不會那麼痛苦。如果小雨決定和這個有婦之夫繼續交往，那也是她的決定，必須承擔這個決定帶來的後果，有可能是千夫所指、被男方妻子控告或是自己家庭的壓力等。

對話有的時候為什麼這麼困難，那是因為當類似的情境出現時，完全顛覆你的觀點，你根本無法認同時，又怎麼能陪伴當事人，還要進一步發掘他的正向資源？

遇到這樣的情況，可以做的路徑是：

—1— 先回應自己的內在

當小雨提到她愛上有婦之夫時，我是否有不安、煩躁或是厭惡。如果有上述的感受，先透過 SAGE 接納自己的感受。

2 不急於評價並且描述客觀事實

我透過提問了解了小雨的狀況，核對客觀的事實：小雨愛上了有婦之夫，小雨深陷兩難與痛苦之中。我想確認小雨陳述的狀況我是否都理解了。

3 核對當事人的目標與困境

我提問：「如果覺得幸福，怎麼會想要分手呢？」這個問句完全摒除了我個人對婚外情的主觀評判，只針對當事人的困境來探討。

4 進入細節找出這個過程中當事人的正向資源

我引導小雨一起思考，愛一個人是否是有意義的，這個愛的溫暖是否在生命裡造成一定的影響力。

5 帶領當事人看見自己的正向，並且自我負責與決定

追尋愛很美好，但會有代價，從對話裡帶出這個代價，並探詢小雨最終的決定。

在薩提爾冰山架構裡，渴望的層次有一個很重要的元素是「自由」，對話帶領者可以時不時檢視一下自己，是不是允許讓案主擁有這樣的自由。如果自由是人類普遍共有的渴望，我不允許他人自由的決定這個念頭是怎麼形成的呢？

薩提爾女士提到了「五種自由」，在這五種自由的情境下，生命的能量也將可以自在的運行。

1 我是否可以自由的看和聽，而不是別人告訴我該如何看、如何聽？

2 我是否可以自由說出感覺與想法，而不是別人告訴我該如何感覺、如何想？

3 我是否可以自由的感覺內在感受，而不是別人告訴我該如何感受？

4 我是否可以自由的嚮往，而不是別人告訴我該要什麼？

5 我是否可以自由的冒險，而不是聽別人叫我選擇他們認為的安全道路？

自由是人類的重要渴望，心智上的自由又遠比行動上的自由來得更超然。人一旦擁有自由也同時會擁有力量。有了力量就更能面對各種不同的挑戰。

接納不同觀點帶來的衝擊，允許他人擁有自由的權利，我們就可以更自在的探索對方，給予必要的支持力量。

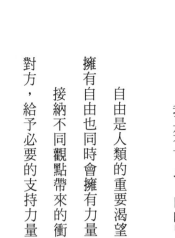

時刻回應與檢測內在，跳脫既有慣性

在談到溝通技巧時，大概許多人都知道要設定目標，才有辦法將對話帶入到一個方向，才能幫助一個人打開一點覺知。

人們意識中存在的信念深植在腦神經突觸的記憶裡，想要試圖抓住那些「潛意識」的信念是一件很有挑戰性的事，因為有的時候當事人甚至不知道自己有很深的信念，除非擁有夠多的覺察。

一個成長在醫生家族裡的孩子，有很大的機會長大後也會學醫；一個經商成功的商人可能就會培養孩子做為一個成功的企業家；而我的父親認為「公務員」是個穩定的行業，自然從小就鼓勵我們長大後能夠當老師或是從事公職。

當然，也有一種可能是，小朋友自幼受了父母的「壓迫」，從小就下定決心，將來必定從事和父母親意願相違背的行業。

這樣的「信念」在薩提爾模式裡稱之為 Perception（觀點），它並非新學習來的 view point 或是新發現的 perspective，雖然後兩者的中文翻譯都叫做「觀點」，但是 perception 一詞更多指的是潛藏在意識裡的一種「感覺」，它的來源之一是藏在我們 DNA 裡刻印的密碼，另一個來源則當然是從小到大我們從生長環境裡學習而來。

有了這樣的信念，身體自然而然會依附著大腦裡的設定來運行，久而久之這樣的動作就內化成一種記憶、一種習慣。

習慣久了，我們會將這些動作導入自然而然的慣性。

還記得我們第一次學開車的樣子嗎？坐進駕駛座之後先調整椅子的角度與手握方向盤的距離、調整後照鏡角度、穩妥的繫好安全帶、眼睛環顧四方確認四周沒有障礙物或是其他危險、啟動引擎、謹慎的打檔並側頭觀察旁邊是否有行人或來車……學習開車時，我們每個動作都小心翼翼，很謹慎的執行教練的指示，唯恐上路後發生意外。

在學習的階段，每一個步驟都是新的動作，因此我們投入了覺知，一次又一次將安全的方式記憶下來，做為下一次在同樣場景時可以重複運用的方法。等到我們都熟悉了這些步驟之後，這些動作就成為了一種習慣。從一開始的覺知，再到覺知後的行動，最後成為一種自然的存在，隱藏在我們身體的記憶裡，漸漸成為一種慣性。

雖然我們每天還是會做出一些新的動作，產生出新的慣性，也會做出一堆決定和選擇，但是其實大部分的時間都處於一種「自動導航」之中而不自知。

這也是為什麼從本書一開始我就不斷強調，所有的溝通都是先從自己的內在開始覺察，慢慢的我們就可以中斷自己的慣性，將好的應對姿態導入到對話之中。

某一次在工作坊裡遇到學習夥伴惠玲，她問道：「我兒子整天不讀書，只會玩手機，不知道要怎樣跟兒子對話才能讓他放下手機，多花一點時間在課本上？」

「兒子都沒有讀書是嗎？有看過兒子讀書的時候嗎？」我問。

「有啦，但很少。」她答。

「兒子不讀書會讓你覺得困擾嗎？」我說。

「其實不會，我沒有那麼在乎他的成績。」她聳聳肩。

「哦，那是他玩手機讓你困擾或是不舒服嗎？」我繼續問。

「也還好，我有答應他可以玩，但是不能玩那麼久。」惠玲回答。

「所以你說兒子不讀書，只玩手機，這件事讓你困擾嗎？」我繼續向她核對。

「是不會困擾啦！我現在比以前好多了。」

「哦，不會困擾了。那麼，你想問的是？」我最後反而困惑了。如果這件事已經不造成困擾了，我想知道這位夥伴想要得到的是什麼呢？

說來有趣，其實很多人都不知道自己想要的是什麼。

我知道自己從小就有一個慣性，遇到任何問題都先否認或反對，似乎這才是最為有用的回應，以免一下子就得要「服從」，讓自己後面遇到更多未知的挑戰。或許這個夥伴也有類似的慣性。

一旦知道自己有慣性，覺知就會進來，就可以時時覺察自己是否落入慣性裡。在對話時要是覺察到對方可能落入了慣性裡，我們可以怎麼做呢？

1 保持自身穩定與平穩的姿態。
2 信任對方說的答案，但可以保持好奇。
3 以提問的方式，核對對方的觀點。
4 觀察語言當中透露出來的關鍵字，並且觀察非語言訊息（身體姿態、眼神、語調、肢體動作等）。
5 適時重複對方的語句，確認目標。
6 請對方做出最適合自己的決定。

以前文兒子玩手機為例，假設媽媽見到兒子玩手機超過一小時了，媽媽可以先覺察一下自己內在的感受，以 SAGE 接納自身的感覺，然後平和的坐在兒子旁邊對他提出好奇，指出客觀事實（兒子玩手機一小時了）。

兒子若說「再一下就好」，媽媽先不用提出自己的觀點反駁，可以核對這個「再一下」是指十分鐘，還是半小時？問答之間，媽媽可以觀察兒子是否專注的回應，如果不是，建議晚點找個合適的時機再談，並且告知兒子，媽媽晚點再跟你談話。

如果兒子能夠專注的回應說：「再半小時。」

媽媽可以核對：「再半小時是嗎？好的，媽媽等一下來提醒你。」

最後，找一個適當的時機與孩子討論手機使用過度的問題，將議題放在「兒子，你使用手機的時間超出我們的約定，怎麼辦？」

兒子可能會有情緒上的反應，這時候我們再利用先前提到的「感受開門」，詢問兒子：「媽媽跟你討論手機使用的問題，你會不舒服嗎？」

最終走到「渴望關門」，告訴兒子：「媽媽很關心你。」連結了渴望之後，若還有打破規則的議題，最後再來討論處罰或獎勵的機制。

兒子過去可能會因為媽媽不一致的姿態，而習慣性的產生出一種自然抗拒的反應。如果媽媽改變了，兒子就有可能中斷這樣的慣性。

一個人的慣性要做改變並非一蹴可幾，因為那是承襲了許多年的「安全經驗」才形成的一種舒適圈。對話者要能夠適時抽換這個「舒適圈」概念，讓新的場景進來、新的學習進來，才有機會形成新的慣性。

前一陣子在網路上看到這個故事，頗有啟發。

明代有位妙峰禪師於行腳參方途中，夜宿旅店，半夜口渴，又無燈燭，摸黑到廚房找水喝，水甘醇香甜，隔天又去廚房，想再舀水來喝，沒想到一看竟是臭穢不堪的洗澡水。此時，禪師忍不住噁心想吐，卻在當下開悟了，並說道：「飲之甚甘，視之甚穢，淨穢由心，非關外物。」

同樣一瓢水，場景不同、環境不同、心境不同，卻有截然不同的體驗。

在與他人對話之前，至少我們可以練習時刻覺知，並且對自己的感覺誠實。我們的心智決定了一切，而非外在而定。當對自己覺察得夠多，連結的程度夠高，面對他人時就愈能穩定，也益發自由。一切都是先從自我的內在開始做改變，而非先想要去改變外在或他人。當我的內在呈現一片寧靜海，清澈透明，我的舉動自然祥和溫暖，海納百川。

生命自會找到出路

在北京工作時，公司每個月都會有例行性會議。某次會議裡，老闆老余談到了自己的女兒。

「我那個女兒太不像話了，前一陣子給她請了個英國家教，結果這個家教三番兩次向我投訴，說我女兒老是把她當僕人對待。前幾天那個英國老外又來跟我說她不幹了，除非我能好好管教女兒。」老余氣憤的說。

「發生什麼事了？」我問。

「小女孩才小學五年級，就很懂得使喚老師。這次她下車時順手把書包丟給老師，叫老師幫她提書包。這像話嗎？」

我聽了只是覺得好笑，心裡也想著：「大概在家使喚傭人習慣了，看見老師也當成傭人。」

「你有數落女兒嗎？」我問。

「有啊，我把她罵了一頓，為了處罰她，隔天要她自己想辦法去上學，我不送她到學校了。」

「哦？小學五年級你讓她自己去學校啊？路途這麼遙遠，小孩子會不會就不去了？」北京交通時常雍塞，幅員也大，讓孩子自己去學校，可見老余真的是想給孩子一個教訓，好讓她記住尊師重道的重要性。

「你猜怎麼著？」老余臉上露出似笑非笑的面容。

「她打電話求你嗎？」

「不，她自己去學校的。」老余說。

「哦，不錯啊，小孩子挺獨立的嘛！」我表示讚許。

「不錯個頭，她自己打電話給我的司機，命令他載她去上學。」老余搖頭道。

我聽到這忍不住大笑，原來使喚傭人這個技能可以發揮得這麼淋漓盡致，連被處罰的時候也可以化做自己的資源呀！

果然是虎父無犬女。

每個人在經歷了不同的困境時總會找到自己的出路，這就是「資源」。善用這個資源，我們在做人處事或是職場上可以把自己的能力發揮到最好。

當然，也別忘了生命自會找到出路，所有的選擇背後都是自我負責，只要能夠在對話裡開啟一個人的覺知，剩下的就是讓當事人能夠對自己負責了。

我自己的求職歷程也是如此。

就在即將退伍之前一個多月，我向部隊告假獨自從臺中到臺北應徵工作。我的運氣不錯，一試中的，當時的公司答應等我退伍就可以直接上班。雖然求學期間打過幾次工，得到正式工作的邀約時，我還是忍不住興奮。

退伍之後我沒太多的時間閒著，簡單收拾了幾件衣服，打包了行囊，就向父親告別；我開著二手白色小車，獨自一人從臺中進軍臺北闖蕩。

臨走前，父親特別叮囑：「工作好好幹。若真的幹不下去，就回來吧！」

猶記得第一份工作在臺北市中山區，我向大學學長詢問是否可以讓我蹭個幾天，在他租的小房間裡打地鋪，我會儘快找到租屋，學長慨然答應。

當時我的工作是擔任軟體中文化翻譯專員，負責聯繫譯者並且發包軟體介面文字，盯緊進度，並且校閱翻譯內容、修改不一致的詞彙。這個工作除了需要基本翻譯功力，還需要熟稔各種軟體翻譯工具。剛開始我做得還頗起勁。

每天下了班後我都會約房仲在公司周遭看看是否有合適的住處。很幸運的，我很快就找到了落腳處，離公司僅需走路五分鐘。

那個房間的氣味我永遠忘不了。

我的房間是公寓大樓四樓一間三房兩廳改建的「雅房」。房東將原本正規的三房兩廳利用木板隔間，「創造」出七間房間，我租了其中一間。

房間約莫兩、三坪大小，裡面擺放了一張書桌、一張靠牆的單人床，沒了。

公寓大樓鄰近大馬路，每天清晨五點我就會被路上逐漸變多的汽機車噪音吵醒。而晚上，隔著木板隔間，很清楚知道隔壁室友是不是有帶女友回來。

所謂「雅房」就是沒有屬於自己的衛浴。七個房間裡只有一個「高級」的套房有衛浴設備，其他六個大男生共用另外一個衛浴設備。你很難想像六個男生怎麼維護廁所整潔。除了洗澡，我不會想在那個廁所久待；還記得每個月房東來收房租時，都會不斷碎碎唸：「你們這些男生不知道怎麼大便嗎？搞得到處都是，也不會清潔！」

不包含電費，一個月租金六千元的木板隔間我竟然在那裡住了兩年多。

為了讓自己能隨時上網，我工作第二個月領了薪水後，就用信用卡刷了一臺五萬多元的筆電，還動用了循環利息，這對我而言是極為奢侈的舉動。為此好友還笑了我好幾年，認為我的薪水「生吃都不夠，還拿來曬成乾」。不過筆記型電腦解決了我下班後工作與娛樂的需求，原來好早以前我就是個宅男。

初出社會生活拮据，但是心裡想的都是怎樣能在大都市裡更上一層樓。未料第一份工作我只做了不到半年就離職，因為工作內容比我想像中乏味，小公司老闆還希望我這個菜鳥每天下班幫忙倒垃圾、追垃圾車。

每當工作不順遂，打電話回家給父親時，他總是說：「再找找其他工作，真不行就回來吧！」

我內心深處知道不可能搬回臺中，就算回去了，父親不可能也顧不了我的工作。但聽到這樣的話總是讓我稍感安定。

工作沒多久，我覺得還是出國念書吧！反正高不成、低不就的工作幹起來也沒勁，還不如想辦法到國外走走看看。

小時候，父親總是希望我能到國外去體驗或闖蕩，我心想要不就下定決心去美國念個研究所吧！心意一定，我便在臺北市南陽街裡找了一家知名的補習班，開啟了我下班補習 GMAT 和托福的日子。

我打了電話給父親，希望得到他的支持，畢竟他曾經鼓勵我出國念書，我期待著父親能在經濟上也給予我協助。

「老爸，我決定去美國念研究所了，你覺得怎樣？」我鼓起勇氣向父親提起。

「念書啊？那太好了，我就希望你能繼續念。到美國去很好啊，你的英文好，出國一定沒問題的。」父親說。

「真的嗎？你也贊成？」我喜出望外。

「那是當然，只要你肯讀，我肯定要支持你！」

聽到父親願意支持我出國念書，我高興的差點從椅子上掉下來。

「那……去美國要花不少錢耶！」我心想還是確認一下。

「是啊，如果你真的要去，錢還是得花的。」

「老爸，一年可能要花個上百萬，你願意支持我啊？」

「噢，錢你要自己掙啊，我是沒錢幫你。能供你上到大學就不錯了。」父親斬釘截鐵的回答。

原來是這樣啊！父親心裡想的是希望我賺錢供養自己念書。我估算了一下，以當時的薪水，扣掉房租與日常生活所需，估計要十年以後才能出國了。

我當下就做了一個決定，之前繳了一萬多的補習費決定算了，不去了。

父親總是用他特別的方式愛我。

即便後來我出國工作，父親每次在電話中總叫我工作好好幹，家裡孩子能有一個人在國外工作他很是欣慰。四海漂泊以天下為家原是父親當年大時代的寫照，在我身上流淌的血液興許也有這樣的基因。

當然職場上拚體力、鬥智力，父親是一點忙都幫不上的。好幾次我從國外打電話回家，告訴父親其實我有的時候也撐不下去，不知道該如何是好，父親也還是那句老話：「再堅持一下，真的幹不下去了，就回來吧！」

這句話言猶在耳，明知道對我沒什麼幫助，但心裡頭明白父親傳遞的愛無遠弗屆，也一再提醒我「雖然老爸嘴上這麼說，但可千萬別當真」。人生的責任是自己的，他能為我做什麼呢？

這是父親的教養之道。他總是告訴我們「老子非常愛孩子」，但在孩子面對挫折或困難之際，他會明白指出「請自己解決」。

給孩子關愛，但不可憐孩子，是我父親一貫的態度，他總有辦法表現他的關懷，但希望孩子能夠自己找出辦法克服問題。他從不吝嗇告訴孩子他做為父親滿滿的愛，但當孩子生活上遇到挑戰，父親經常「堅定的」告訴我們，請自己解決。這也是為什麼當父親說到「幹不下去，就回來吧」，我知道回到父親身邊並不是我真正想要的，但心中仍然能感受到父親對孩子的愛。這個愛，就是支持我不斷往前衝刺的力量，因為我知道，我不管人在何方、父親身在哪裡，他的身影始終陪伴在我的後方，給我一股堅定、溫暖的力量。

生命的獨特性在於，每個人都能活出自己的方式，走出自己的路。學習對話只是幫助我們能夠貼近一個人，但最終生命道路的決定權還是在每個人，也請相信對方會找到自己的路。

我們不需要成為別人的拯救者，我們只要成為那個溫暖無形的雙手，給予關愛與背後溫暖的力量也就足矣。

附錄

夥伴的回饋

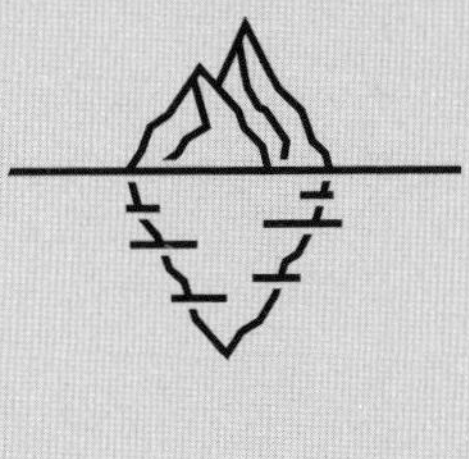

崇義老師是個「人」

朱芳儀（長耳兔心靈維度經理）

第一次被崇義老師溫暖到，是在臺中崇建老師工作坊。那時的我，還是個在人生課題中迷惘的學員。在一個課程活動裡，過往事件的痛跟魚網似的，把我這個潛進水中想窺探冰山的人牢牢絆住，困在過去悲傷的海裡，無法呼吸、動彈不得。窒息的感覺，讓我再也無法待在教室，決定要逃課。

於是抽了幾張面紙，我衝出了教室，想找一個可以呼吸的地方，但方向在哪？在外面大哭一陣依然沒方向，我只好把自己拎回來。

這些舉動都被崇義老師看在眼底。

不同於崇建老師明快準確的節奏，崇義老師相對的溫柔細膩。

中午休息，崇義老師輕輕關心送來一句：「芳儀，還好嗎？」

我整個人當然早就已經不在當下，頭腦將時間軸倒帶回過去，也帶回所有委屈、難過、憤怒……百感交集。

但那一聲「還好嗎？」讓我意識到現在身在何方。

崇義老師幾句對話後，給了我一句瞬間清醒的話，大概就是暈車的腦袋遇到白花油那樣。

「芳儀，你不是超人。」

是啊，我不是超人，卻想拯救所有人，反倒讓自己陷入溺斃邊緣。

一句話只要能刻在心裡，就變成一股力量。

之後因緣際會，我進入了長耳兔工作。

和以往工作經驗之大不同的第一震撼，崇義老師跟 Cindy（營運長）沒有看過我任何加油添醋的自傳、學經歷與專長，所謂「面」試也只透過一通電話。

他們讓我加入長耳兔家族，似乎不是芳儀這個人的外掛程式、附加價值，是朱芳儀本人。莫名的感動中，我想想或許自己「存在」這世界，似乎就有些價值，沒有用分數來評價我。

隨後工作的三年半中，許許多多跟崇義老師的對話金句，在那些我看不清的迷霧裡，幫我打開一盞燈。

但令我哭笑不得的是，往後我再提起這些感動的金句，他沒記得半句。

真正的陪伴一個人，並不是拿來掛在嘴上炫耀，也不是透過有能力幫助一個人，拿來增強自己自信心的「工具」。

陪伴，就只是陪伴而已。

在長耳兔的三年半，看見了許多面向的李崇義老師。

在企業裡的崇義、原生家庭裡身為「阿三」的崇義、長耳兔的大家長崇義，更時常出現那個青少年的崇義。

崇義老師常提及，他那寂寞又不甘寂寞的青少年時期。偶爾，還是會在他身上看到那個青少年的影子。

但那少年的靈魂已不再需要用叛逆證明自己，而那段叛逆，卻養成溫暖的同理心，如今都已昇華成資源。

崇義老師就是這樣，一個真實的「人」。不是講臺上的神。

經歷了幾十場工作坊的學習服務。我慢慢理解，將薩提爾模式從一個練武功的心態，轉換成生活態度的實踐，這門學習，並非讓人變得高冷，而是像崇義老師一樣，如實的活出自己。

幾個月前的一場工作坊，我與現場工作夥伴早早開工忙碌。

而當我一回頭，看見崇義老師挽起衣袖搬桌椅，瞬間感動莫名。他是老師，是我的主管。在那刻我深深感受到，他也是我的夥伴。

在課堂裡學習著、強調著的「貼近人的內在」。被貼近，大概就是這樣的感覺。

對話，讓我們有更多的看見

溫絮如（巨大機械幕僚長）

依稀記得那是一個春天的早上，臺上的崇義老師語重心長的說，人要自覺但不要自責，從小對自己嚴格要求的我下意識噗哧一笑，怎麼可能？一個人沒自責，沒自我要求，如何能成材？

充滿疑問的我，下課後走向崇義，問了他這個問題，耐心的等著他用完美的「道理」來說服我。經過幾秒鐘的沉默，崇義問我，你是一個對自我要求很高的人啊？你最近一次自責是什麼時候呢？我從小到大，不管求學或是在職場，一直都被訓練用左腦與邏輯思考，活了超過四十年，還頭一遭被人用這樣的方式反問。奇怪，剛剛不是我在提問嗎？怎麼變成被反問呢？

這是什麼問題呀？我當下感到心跳加速，臉紅發熱，講話開始顫抖打結，感覺像洋蔥般被整個剝開。從那天起，每每見到崇義，我都會下意識的想閃躲，擔心被看透而無處躲藏。

宇宙就是這麼奇妙，當你愈想躲一個人，你的生命和他的交集就會愈多，於是我和崇義與薩提爾的緣分就這樣開始了，一直到今天。

我很喜歡薩提爾的核心信念，我們都擁有足夠的內在資源以幫助自己成功應對和成長。接觸了薩提爾之後，我開始學習與自己連結，也開始學著用豐富的眼光來看自己與周遭的人事物。印象最深刻的轉變，是二〇二〇年某次上完課的隔天，我回到辦公室，依舊處理著做不完的事，和話不投機的同事溝通時，突然驚覺他怎麼突然間變可愛了？好啦，我承認他沒有變可愛，只是變得不討人厭；也突然驚覺，怎麼我能如此平靜的和他討論事情而沒火山爆發？

從那天起，我和同事對話時，會時常試著加上正向好奇。我沒有高調的去倡議薩提爾和對話，我選擇用身體力行的方式，放慢腳步，也告訴自己，我可以選擇用想要的方式來表達，慢慢的，情緒被攪動的機率愈來愈低，對同事與團隊也有更多的看見與理解。

這不禁讓我想到老祖宗太極陰陽、生態平衡的智慧，如果邏輯左腦是陽，身心感覺是陰；解決問題是陽，處理人是陰；在大量使用左腦的這個世界，難怪會有智者提醒我們要先積極面對「人」，而非「問題」。現在，回想那次跟崇義的對話，讓我深深臣服於對話的力量，幾句對話就能讓當下的我啟動少用的右腦，而有不一樣的看見與發現。

我接觸薩提爾至今四年多，深切感受到對自己的幫助，雖然這條路還很長，但我很欣賞自己已經走在這條路上了，願意在我影響所及的範圍內，帶給大家這份美好。唯有穩定的自己，才能帶給他人穩定，才能藉著對話讓他人看見自己更豐富的面向。我，正走在這條路上，你，願意也一起同行上路嗎？

我允許自己愛自己

林文修（流行音樂產業工作者）

常聽人說，危機就是轉機，一切相遇都是最美好的安排。

我接觸到李崇義老師，就是如此的機緣。

幾年前在全然措手不及之下，我意外成為了單親媽媽，一個人帶著兩個孩子，孩子與我一起的互相依靠，孩子的種種貼心，都讓做媽媽的我，把所有的委屈，視為良藥，天真的認為，親子之間心連心，沒有衝不破的難關。

但孩子有他們的成長，有自己獨立的人格特質，不知不覺孩子來到青少年時期，孩子渴求獨立的自由、同儕的陪伴，再加上自己的更年期，親子之間不再和諧美好。

面對如此大的轉折，層層的無力、無助之下，想尋找萬靈解藥，於是我報名了溝通課程，說實話當時我根本不知崇建和崇義兄弟，只是想知道如何改變現況，但好事多磨，疫情的嚴峻，造成課程的延後。

焦慮不安之際，我打電話到工作室，希望能上單獨課程或帶孩子一起上課。工作室轉達給老師，崇義老師居然留話給我，願意先電話聯絡，試著幫一點忙。

猶記得通話的晚上，天空微飄細雨，我凌亂的敘述中，吐露著委屈無奈和憤怒，崇義老師的溫暖聲調給了我安定，在他耐心的引導下，我慢慢釋放不滿、灰心的情緒，好像從破碎的心透出光束。他穩定的接住我的眼淚及不安，像船長般的掌舵著，讓我能在波濤洶湧的心海中航行，看見自己、承認自己、了解自己和接納自己。後來陸續上了崇義老師實體或線上課程，他的溫暖、幽默和真誠，讓我學到允許自己愛自己，若自己都不能肯定接納自己，又如何穩定的接納孩子呢？

堅定自己的內在，讓愛的能量流動，崇義老師就是帶給我正向光芒的心靈導師。

陪伴我自己

陳韋蓁（長耳兔心靈維度志工／學員）

多年來，工作上的訓練讓我必須在短時間分析情況，做出處理跟決定。所以我的思考邏輯跑得很前面，情緒則是被遠遠的拋在腦後，甚至被忽略。最好每件事都照計畫走，所有狀況都能在掌控之中，這讓我覺得安心。

然而，就在二〇二〇年，一切突然都失控了！

一開始，是工作失控。進退兩難的困境，讓我充滿無力感，要求隱忍委屈的職場文化，更讓我沮喪不已。

緊接著壓力失控。自以為可以扛得住所有的責任，但內心卻逐漸崩解、碎裂，壓得我透不過氣，幾乎窒息。

然後情緒跟著失控，就像壓力鍋炸開。悲傷、難過、沮喪、生氣、孤單、害怕、羞愧；情緒過後，又是無比的懊悔與自責。這樣的循環，使我陷入黑暗的深淵。

最後，連健康都失控，面對亮黃燈的警示，我不知所措。

卻也因為這些混亂無助，我為自己找到出路。

還記得在工作坊，第一次遇見崇義老師。

他的眼神彷彿有股力量，穿透我的內在，看到我內心深層的恐懼。

「你還好嗎？」

「不是很好，我很害怕，想離開（工作坊）……」我眼眶盈滿淚水。

「你允許自己可以有害怕情緒嗎？」

「嗯！」我心虛的回應。

「真的可以嗎？」他以堅定的眼神看著我。

我感覺視線模糊，沒有回答。

「你說你想逃跑，怎麼沒有跑掉呢？」

「因為我不甘心，都來到這裡了。」我哽咽著。

「很好，我在這裡看到你有份堅持的資源。你想要陪伴你小時候的自己嗎？」崇義老師問。

「我不想。」我搖頭。

「你也離棄了你自己啊！」崇義老師嘆口氣說。

這句話像一把劍直直刺中紅心，當下我的心裡很痛，痛到說不出話來，淚水不斷滑落。但崇義老師說的沒錯，我似乎遺棄自己很久很久了；總是把別人的需求擺前面，卻未曾好好照顧自己。後來才明白，尋找解決問題的根源，應該先回過頭來關照自己。當我開始懂得愛自己，內在安穩了，許多的結似乎都漸漸解開了。

「你不用去經歷過去，僅僅是陪伴。」

崇義老師的聲音像茫茫大海中的浮木，給予我支持。短短的幾句對話，讓我有些許的勇氣和力量，是支撐我上完課程的動力。

陪伴自己的過程並不容易，得先面對內心深處累積已久，各種複雜紛亂的情緒，心中難免抗拒。但在不斷的上課浸潤與夥伴的陪伴下，我試著一步一步靠近並覺察自己，慢慢整理情緒。

到後來，漸漸的能夠坦然面對生活與工作上的困境，甚至可以有一點點的力量去改變現狀。我看見自己的進步，也欣賞自己的努力。

有幸成為長耳兔志工之後，我與崇義老師日漸熟悉。看著坊間各式對話班課程如雨後春筍般出現；不禁好奇崇義老師對長耳兔的品牌定位和經營理念。崇義老師相當敞開的與我討論分享，即便競爭者眾多，他還是想維持長耳兔一貫的調性與風格。

在擔任志工專案計畫聯絡人期間，有時跟崇義老師反應，志工夥伴的問題或想法，他總是會先問：「你的想法是什麼？」等我陳述完觀點和意見，崇義老師才會告訴我，他是怎麼想的，然後再透過會議，大家共同來討論決定。

謝謝長耳兔以及崇義老師帶我走入薩提爾的領域，有機會在此學習，更靠近覺察自己。這是我在這條路上，即便走得跌跌撞撞還是能繼續下去，很重要的力量。

連結自己，貼近他人

羅琪（退休教師／長耳兔心靈維度學員）

因著對過往的創傷執取甚深，一路走來，我成為時卑時亢的人，直到因緣際會，二〇一八年起我開始在長耳兔向崇義和其他老師們學習，生命自此才有了轉機。

一開始我十分封閉、羞赧，不敢、不能、也不願敞開自己，崇義也兀自持續的定靜陪伴，間或以一、兩句的問候表達關懷。對於我來說，這是在渴望層次裡得到了接納，我感到安全和自由，也更允許自己從汲汲營營的奔忙模式中暫停，在工作坊裡學習滋養自己。

崇義很擅長藉由電影故事中的人物對話，來引導學員進入角色的冰山探討。

記得他細膩的描述電影「心靈捕手」中，羅賓·威廉斯（Robin Williams）飾演的心理學教授如何一步步靠近麥特·戴蒙（Matt Damon）飾演的叛逆數學天才，在崇義老師疊聲說著：「這不是你的錯！」「這不是你的錯！」時，我的心海也彷彿在掀起陣陣巨浪後，因著有人以愛以信任以真誠的接納，才終能勇敢貼近自己，願意對內在小孩放下屠刀與利箭，願意帶著愛陪伴她，進而找到平靜的依歸。

崇義不也像是一位心靈捕手嗎？他如此接納和看見我的亮點，使我日漸體驗到當我能面對自己的真實，建構不求完美但求完整的自我之際，舊有的纏縛便能鬆綁，力量也順利的回轉自身。

這位心靈捕手更常溫柔接住了學員。

例如，工作坊裡的一位媽媽，訴說與家人相處的困難時。崇義安穩寧定的專注傾聽，喚名問道：

「這起事件對你有衝擊嗎？」

「你有什麼情緒？感受？」

「你允許自己生氣（無力、悲傷……）嗎？」
「你曾經不被允許嗎？多久了？喜歡嗎？」
「不喜歡的話，你會怎麼辦？」
「你怎麼還沒有放棄呢？」
「有的人就會放棄，你怎麼不會呢？」
「你重視的是結果還是過程呢？」
「你是一個不容易放棄的人嗎？」
「即使遭遇挫折、失敗，你願意看到那個努力、不放棄的自己嗎？」
「你怎麼看待一個不輕言放棄的人呢？」
「假如她有痛苦、沮喪、悲傷……，你願意陪伴她嗎？」
「她值得被愛嗎？」
「她可以有做不好的時候嗎？」
「你允許自己犯錯嗎？你不是說你是在意過程的人嗎？這不是個過程嗎？」

崇義的句句提問，聲聲環叩在核對探索冰山，陪伴接納情緒，直指核心的觸動覺知與渴望。

過程中，這位媽媽及搭便車學習的學員們，淚水濕了又乾，乾了又濕，但總能在發現自己的資源，看到內在光燦的價值時，一如崇義引用電影「哪吒」裡的一句霸氣宣告：「是魔是仙，我說了算！」那般的自我肯定，毅然決然為自己負起完全責任，帶動從我開始的關係連結齒輪，堅定前行！

崇義有許多讓人讚賞的對話實例，有些便成為工作坊裡練習對話的題材。大家的努力常得到崇義的肯定，夥伴們在崇義的接納中，感受著安全、愛和自由，發現自己的正向資源，萌生出支持自己的力量。

很慶幸也很感恩，我從崇義煦日般的溫暖寧定，與清晰分明、精萃出拔的對話指引中，啟動生命的翻轉，學習敞開覺察、連結自己、貼近他人，並進而能勇敢不放棄的在「即煩惱即菩提」的歷程裡，看見生命裂縫中透進的亮光，體驗到不卑不亢的自在輕安。

國家圖書館出版品預行編目（CIP）資料

冰山對話：從開門到關門、從理解到支持的深度溝通 / 李崇義著. -- 第一版. -- 臺北市：遠見天下文化出版股份有限公司, 2022.09

面；　公分. --（心理勵志；BBP473）

ISBN 978-986-525-747-7（平裝）

1.CST: 溝通 2.CST: 傳播心理學

177.1　　111012346

心理勵志 BBP 473

冰山對話

從開門到關門、從理解到支持的深度溝通

作者 — 李崇義

總編輯 — 吳佩穎
人文館總監 — 楊郁慧
責任編輯 — 許景理、楊郁慧
美術設計 — 張議文
內頁排版 — 薛美惠（特約）

出版者 — 遠見天下文化出版股份有限公司
創辦人 — 高希均、王力行
遠見・天下文化 事業群榮譽董事長 — 高希均
遠見・天下文化 事業群董事長 — 王力行
天下文化社長 — 王力行
天下文化總經理 — 鄧瑋羚
國際事務開發部兼版權中心總監 — 潘欣
法律顧問 — 理律法律事務所陳長文律師
著作權顧問 — 魏啟翔律師
社址 — 臺北市 104 松江路 93 巷 1 號
讀者服務專線 — (02) 2662-0012 ｜傳真 — (02) 2662-0007；(02) 2662-0009
電子郵件信箱 — cwpc@cwgv.com.tw
直接郵撥帳號 — 1326703-6 號　遠見天下文化出版股份有限公司

製版廠 — 東豪印刷事業有限公司
印刷廠 — 中原造像股份有限公司
裝訂廠 — 中原造像股份有限公司
登記證 — 局版臺業字第 2517 號
總經銷 — 大和書報圖書股份有限公司｜電話 — (02) 8990-2588
出版日期 — 2022 年 9 月 30 日第一版第 1 次印行
2024 年 2 月 5 日第一版第 10 次印行

定價 — NT 400 元
ISBN — 978-986-525-747-7
EISBN — 9789865257439 (PDF)；9789865257422 (EPUB)
書號 — BBP 473
天下文化官網 — bookzone.cwgv.com.tw

天下文化

BELIEVE IN READING